금강경

금강경

고전과 윤리: 지혜가 있는 삶

초판 1쇄 인쇄일 2021년 6월 23일
초판 1쇄 발행일 2021년 6월 30일

지은이 김미덕 · 이경무
서 예 송병덕
그 림 김시우
펴낸이 양옥매
교 정 조준경

펴낸곳 도서출판 책과나무
출판등록 제2012-000376
주소 서울특별시 마포구 방울내로 79 이노빌딩 302호
대표전화 02.372.1537 **팩스** 02.372.1538
이메일 booknamu2007@naver.com
홈페이지 www.booknamu.com
ISBN 979-11-6752-007-4(43190)

글 김미덕 · 이경무

서예 송병덕
그림 김시우

고전과 윤리 :: 지혜가 있는 삶

금강경

책과나무

고등학교 진로 선택 과목인 '고전과 윤리' 교과서에는 『격몽요결』, 『수심결』, 『윤리형이상학 정초』, 『니코마코스 윤리학』, 『논어』, 『금강경』, 『국가』, 『목민심서』, 『정의론』, 『공리주의』, 『동물해방』, 『노자』, 『장자』, 『신약』, 『꾸란』 등 15권의 고전이 들어 있다. 이렇게 많은 저서가 교과서에 4개의 대단원, 3개의 주제로 구성되어 있으며, 관련 주제가 다양하고 내용 또한 폭이 넓다. 교과서의 내용만으로는 저서의 근본 사상을 이해하기조차 버거운 실정이다. 그러므로 학교 현장에서 '고전과 윤리' 과목을 담당하는 많은 교사들이 수업 준비를 할 때 어려움을 겪고 있다. 필자 역시 학교 현장에서 이러한 생각을 하게 되었다. 일부만 가르친다 하여도 저서의 내용을 전반적으로 파악하지 않고서는 책을 소개하는 정도에만 그칠 뿐이다.

필자는 교과서에 나와 있는 저서를 보면서 1년 동안 15권의 저서를 일부만 가르칠 것인가 아니면 교육과정이 제시하는 분량인 최소 6과목을 가르칠 것인가 하는 문제에 봉착했다. 어찌 되었든 가르쳐야 할 저서들을 선택하고 내용을 알아야만 가르칠 수 있을 것이다. 중등 도덕과 교육

과정에는 유교, 불교, 도교 그리고 서양 사상, 국제 윤리 등이 들어 있다. 따라서 '고전과 윤리' 과목 수업을 위해서 교과서에 제시된 『금강경』을 필두로 원전에 한발 다가가 보고자 글을 쓰게 되었다.

『금강경』은 '관계 속에 존재하는 나와 베푸는 삶'이라는 주제와 직접 연계하여 다루어진다. 그런데 『금강경』의 내용은 '고전과 윤리' 과목의 다른 주제들, 예컨대 『수심결』과 연계하여 다루어지는 '진정한 나 찾기와 마음공부'라는 주제와도 연계된다. 또 『격몽요결』이나 『노자』, 『장자』 등의 고전을 중심으로 다루어지는 여러 주제와도 상보적 관련성을 갖는다. 그런가 하면 '생활과 윤리'나 '윤리와 사상' 과목에서 다루어지는 불교 사상 관련 주제들도 내용상 『금강경』에 대한 기초적인 이해를 전제한다.

『금강경』은 『반야심경』과 함께 우리나라에서 가장 널리 유포되고 신봉된 불교 경전의 하나이다. 그런데 『금강경』은 석가모니 붓다 입멸 이후, 초기불교와 부파불교의 시기를 거쳐, 대승운동이 일어나기 시작한 초기 대승불교 시기에 이루어진 경전으로, 반야바라밀(般若波羅蜜)을 특히 중시한다. 지혜로써 피안의 열반에 이르는 것, 즉 지혜의 완성을 뜻하는데, 『금강경』은 이러한 지혜를 금강석으로 비유하여 지칭한다. 따라서 『금강경』은 깨달음을 얻기 위해 집착이 없는 지혜로써 보살행을 수행해야 한다는 석가모니 붓다의 설법을 담고 있는 경전으로서, 초기불교의 정신과 함께 부파불교의 전통을 비판적으로 계승한다.

『금강경』을 읽기에 앞서 불교 사상에 대한 전반적인 내용을 살펴본다면, 『금강경』의 핵심 사상을 쉽게 이해할 수 있을 뿐 아니라 '고전과 윤리' 과목의 단원 및 주제에 대한 이해 또한 한층 심화할 수 있다. 『금강경』이 깨달음에 대한 방편을 제시하는 경전인 만큼, 일상의 불교 윤리를 담고 있는 『아함경』이나 『법구경』 등의 내용을 먼저 이해할 필요가 있다. 불교가 강조하는 진리에 근거해서 살아간다면 어떻게 판단하고 어떻게 행동할 것인가 하는 방향이나 방법 등을 알고 접근해 간다면, 금강경의 핵심 사상을 더 잘 이해할 수 있을 것이다.

이성적이라는 말의 좁은 의미는 목전의 이익에 급급하다는 것이고, 넓은 의미는 장기적 이익을 위하여 단기적 이익을 포기할 수도 있다는 것이다. 신중하다는 것은 넓은 의미의 이성적임과 통한다. 윤리학의 용어로는 상호성 또는 쌍무성, 즉 give and take의 의미이다. 준 만큼 받고 받은 만큼 준다는 의미를 담고 있다. 최소 도덕의 차원이다. 대승의 정신은 최소 도덕의 차원을 뛰어넘어 최대 도덕의 차원으로 도약한다.

아리스토텔레스는 실천적 지혜인 prudence를 이야기한다. prudence는 타산적임, 신중함으로 번역될 수 있다. 일반적으로 신중하다는 것은 미덕으로 여겨진다. 그런 까닭에 문제가 된 단락에서 prudence라는 영어 단어의 의미를 우리말로 옮기는 데 어려움이 있다. 금강경은 좁은 의미의 이성 중심 사상과 언어 중심 사상에 경종을 울리고 있다. 서구의 포스트모더니즘도 비슷한 맥락에서 문자 중심 사상과 이성 중심 사상을 비판하고 있다.

현재의 금강경이 32품으로 소개되어 있는 책들이 있는데, 중국 양무제의 아들 소명태자가 금강경의 전체 내용을 편집해 32개의 부분으로 나누어 각각의 제목을 붙인 데서 유래하였다. 이와 다르게 해석하고 번역해 놓은 금강경과 그림과 도표로 읽을 수 있는 도해 금강경도 있다. 필자는 남회근의 『금강경 강의』를 참고하여 공부했음을 밝혀 둔다.

　본 저서는 1, 2부에 불교 사상의 흐름과 내용을 전반적으로 제시하고, 도덕과 교육과정에 제시된 불교 윤리를 이해하기 쉽게 설명하고자 했으며, 3부에는 금강경의 본문을 읽고 나름대로 제목과 내용을 재구성하였다. 생각 열기와 생각 더하기에서는 본문 내용과 관련된 질문을, 내용 이해를 쉽게 하기 위해 용어 알아보기로 구성하였다.

　저서의 본문 내용 중 각 품의 제목 밑에 4글자로 된 서체가 있는데, 글씨는 서예가이자 교회 장로이신 송병덕 님께서 직접 써 주셨다. 그 글씨를 쓰기 위해 금강경을 접한 서예가께서는 내용을 읽고 난 후 많은 감명을 받았고 즐겁게 글씨를 쓰셨다고 한다. 본문 내용에 삽입된 삽화는 고등학교 3학년 김시우 학생이 수능시험을 끝낸 후 금강경을 읽으면서 느낀 점을 그림으로 표현한 것이다. 이 학생은 현재 대학교 미디어커뮤니케이션학과에 재학 중이며, 복수전공인 연극 영화 분야를 공부하고 있다. 특히 연출을 위해 글쓰기와 그림을 그릴 때는 금강경을 읽은 경험이 많은 도움을 준다고 한다.

　이 책은 현장 교사와 동양사상을 전공한 교수가 '고전과 윤리' 교과서에 소개되어 있는 고전을 좀 더 쉽게 이해하기 위해 고민하며 만들어 본 첫 번째 결과물이기도 하다. 현장에 있는 모든 교사들과 학생들에게 도움이 되었으면 하는 바람이다. 부족한 원고임에도 늘 읽어 주고 검토해 주신 교수님, 동료 선생님들께 감사드린다. 이번에도 더 나은 책을 만들기 위해 수고해 준 '책과 나무' 편집부에 고마운 마음을 전한다.

2021년 6월
저자 일동

CHAPTER 01

도덕과의
불교 윤리와 금강경

불교 윤리 사상은 우리 국가교육과정 고등학교 도덕과 교과 내용의 학적 토대를 이룬다. 2015 개정 교육과정 고등학교 도덕과 『생활과 윤리』, 『윤리와 사상』, 『고전과 윤리』교과의 불교 윤리 사상 관련 단원과 주제는 다음과 같다.

일반 선택 과목		진로 선택 과목
『생활과 윤리』	『윤리와 사상』	『고전과 윤리』
I. 현대의 삶과 실천 윤리 　2.1 동양 윤리의 접근 II. 삶과 죽음의 윤리 　1.1 출생의 의미와 삶의 가치 IV. 과학과 윤리 　3.1 자연을 바라보는 동서양의 　　관점 V. 문화와 윤리 　3.2 종교의 공존과 관용 VI. 평화와 공존의 윤리 　1.2 소통과 담론의 윤리	I. 인간과 윤리 사상 　1. 윤리 사상과 사회 사상의 역할 II. 동양과 한국 윤리 사상 　1. 동양과 한국 윤리 사상의 연원 　4. 불교와 자비의 윤리 　5. 한국불교와 화합의 윤리	I. 고전 속 삶의 의미 　2.「수심결」─진정한 나 찾기와 마 　　음공부 II. 고전과 더불어 사는 삶 　3.「금강경」─관계 속에서 존재하 　　는 나와 베푸는 삶

『생활과 윤리』교과의 다섯 개 대단원별로 하나의 소단원에서, 『윤리와 사상』교과의 두 개 대단원의 네 개 소단원에서, 『고전과 윤리』교과의 두 개 대단원별로 하나의 소단원에서 각각 불교 윤리 사상이 다루어진다. 관련 주제가 다양하고 내용 또한 폭이 넓다. 『금강경[1]』은 이 가운

1　'금강경'은 산스크리트어로 vajracchedikā- prajñāpāramitā-sūtra이다. vajra는 벼락, 번개, 금강석, cchedikā는 자르는 것, 부수는 것이라는 뜻으로 벼락처럼 부순다, 강석처럼 자른다는 의미이다. prajñāpāramitā는 반야바라밀(般若波羅蜜)로 지혜의 완성이고, sūtra는 경(經)이라는 뜻이다. vajra는 원래 (베다 신화의) 바쥐라, 뇌격(雷擊):인드라(Indra)가 애용한 무기이고, 또 금강저(金剛杵)를 가리키는데 이는 승려가 불도를 닦을 때 쓰는 법구의 하나로 번뇌를 깨뜨리는 보리심, 부처의 지혜를 상징한다. 금강경을 번역할 때 구마라집은 cchedikā를 생략하여 금강(金剛)이라 하였고, 현장(玄奘)은 능단금강(能斷金剛)이라 하였다. (출처: 네이버 지식백과 https://terms.naver.com/entry.nhn?docId=1519835&cid=50763&categoryId=50780)

데 고등학교 진로 선택 과목 『고전과 윤리』 교과에서 '관계 속에서 존재하는 나와 베푸는 삶'이라는 주제와 직접 연계하여 다루어진다. 그런데 『금강경』의 내용은 『고전과 윤리』 교과의 다른 주제들, 예컨대 『수심결』과 연계하여 다루어지는 '진정한 나 찾기와 마음공부'라는 주제와도 연계된다. 또 『격몽요결』이나 『노자』, 『장자』 등의 고전을 중심으로 다루어지는 여러 주제와도 상보적 관련성을 갖는다. 그런가 하면 『생활과 윤리』나 『윤리와 사상』 교과에서 다루어지는 불교 사상 관련 주제들도 내용상 『금강경』에 대한 기초적인 이해를 전제한다.

그러나 『고전과 윤리』 교과에 다루어지는 내용만으로는 금강경의 근본 사상을 이해하기조차도 부족한 실정이다. 따라서 『금강경』을 읽기에 앞서 불교 사상에 대한 전반적인 내용을 살펴본다면, 『금강경』의 핵심 사상을 쉽게 이해할 수 있을 뿐 아니라 『고전과 윤리』 교과의 단원 및 주제에 대한 이해 또한 한층 심화할 수 있다. 『금강경』이 깨달음에 대한 방편을 제시하는 경전인 만큼, 일상의 불교 윤리를 담고 있는 『아함경』이나 『법구경』 등의 내용을 먼저 이해할 필요가 있다는 것이다. 불교가 강조하는 진리에 근거해서 살아간다면 어떻게 판단하고 어떻게 행동할 것인가 하는 방향이나 방법 등을 알고 접근해 간다면, 금강경의 핵심 사상을 더 잘 이해할 수 있을 것이다.

『금강경』은 『반야심경』과 함께 우리나라에서 가장 널리 유포되고 신봉된 불교 경전의 하나이다. 그런데 『금강경』은 석가모니 붓다 입멸 이후, 초기불교와 부파불교의 시기를 거쳐, 대승운동이 일어나기 시작한 초기 대승불교 시기에 이루어진 경전으로, 반야바라밀(般若波羅蜜)을 특히 중시한다. '般若波羅蜜(반야바라밀)'은 'prajnaparamata'의 소리를 한자(한글)로

나타낸 것으로, 般若波羅蜜多(반야바라밀다)를 줄인 말이다. 반야바라밀
다(般若波羅蜜多)란 지혜를 뜻하는 'prajna'와 피안에 이른다는 의미를 지닌
'paramata'를 합성한 말이다. 지혜로써 피안의 열반에 이르는 것, 즉 지
혜의 완성을 뜻하는데, 『금강경』은 이러한 지혜를 금강석으로 비유하여
지칭한다. 따라서 『금강경』은 깨달음을 얻기 위해 집착이 없는 지혜로써
보살행을 수행해야 한다는 석가모니 붓다의 설법을 담고 있는 경전으로
서, 초기불교의 정신과 함께 부파불교의 전통을 비판적으로 계승한다.

초기불교는 '근본불교', '원시불교'라고도 한다. 대체로 석가모니 붓다
에 의해 형성된 불교 교단이 석가모니 붓다 입멸 후 계율 변경 문제를 계
기로 상좌부와 대중부로 나누어지기 전까지의 불교를 가리킨다.[2] 불교
가 성립된 이후부터 불교 교단이 근본 분열하기 직전까지 약 100년간의
시기를 초기불교로 보는 것이 일반적인데, 더러는 이를 세분하여 석가
모니 붓다로부터 그 직계 제자까지, 즉 석가모니 붓다의 입멸 직후까지
를 '근본불교'라 하고, 근본불교와 그 이후 근본 분열이 일어나기 전까지
를 '원시불교'라 통칭하기도 한다. 2015 교육과정 고등학교 『윤리와 사상』
교과는 근본불교와 원시불교를 구별하지 않고 양자를 총괄해서 '초기불
교'로 분류한다. 초기불교는 특히 불교의 근본 사상과 기본 경전 그리고
교단의 원형이 형성된다는 점에서 사상사적으로 중요한 의미를 지닌다.

부파불교는 초기불교의 교단이 상좌부와 대중부로 근본 분열한 이후
대승운동이 일어나기 전까지 약 300년간의 불교를 가리킨다. 상좌부와
대중부가 다시 20여 개로 지말 분열을 거듭해 간 것을 부파라 지칭한 것

---

2 후지다고다쓰 등 저, 이지수 역, 『원시불교와 부파불교』(대원정사, 1989), pp.48-53. 참조

인데, 이들 부파는 상좌부에서 분열하건 대중부에서 분열하건 모두가 아비달마(阿毘達磨) 교학에 근거하여 각각의 교리 체계를 주장한다는 점에서 공통적이다. 그런데 '阿毘達磨(아비달마)'란 법에 관한 연구를 뜻하는 산스크리트 'abhidharma'의 소리를 한자와 한글로 표기한 것이다. 그리고 이때 '法(법)'은 'dharma'의 의미를 한자(한글)로 나타낸 개념으로, 일체의 존재로부터 그 일체에 대한 진실까지를 통틀어서 지칭한다. 따라서 아비달마 교학은 실제로는 석가모니 붓다가 설한 법을 논술하는 방식으로 이루어지며, 그래서 논의가 하나같이 출가 수행자를 중심으로 전개되고, 또 법을 대상화하여 다분히 논리적이고 이론적인 관점에서 고찰해 간다. 이 과정에서 아비달마 교학은 부파불교의 교리 체계를 확립하는 데 기여도 하지만, 부파불교가 지말 분열을 가속하거나 이론적 분석에 치달아 가게 되는 요인으로도 작용한다.

대승불교는 좁게는 대승운동 초기부터 중관 사상, 유식 사상, 정토 사상 등이 유행한 시기까지 약 800년간의 불교를 가리키고, 넓게는 그 이후 밀교 사상을 거쳐 인도불교가 쇠퇴하기까지 약 1300년간의 불교를 가리킨다. 대승운동은 기원전 1세기를 전후하여 상좌부 전통의 부파불교에 대한 비판과 아비달마 교학에 대한 반성에서 비롯한다. 석가모니 붓다의 가르침은 출가 수행자 개개인의 깨달음만이 아니라 모든 중생을 제도하기 위한 것이고, 또 법은 이론적으로 사변하거나 논리적으로 분석해야 할 대상이 아니라 수행하고 실천함으로써 깨달아야 하는 것임에도 불구하고, 상좌부 전통의 부파불교나 아비달마 교학은 그러하지 않다는 것이다.

'大乘(대승)'은 큰 수레를 뜻하는 산스크리트 'mahayna'의 의미를 한자

(한글)로 표기한 개념으로, 상좌부 전통의 부파불교를 규정하는 소승이라는 개념과 상대적인 의미로 쓰인다. '小乘(소승)'은 작은 수레를 뜻하는 산스크리트 'hinayana'의 의미를 한자(한글)로 표기한 것으로서, 상좌부 전통의 부파불교가 출가 수행자 개개인의 깨달음만을 추구하는 것을 낮추어 부르는 말이다. 그러나 상좌부 전통의 부파불교는 이를 거부하고 오히려 자신들이 정통이라는 입장을 견지한다. 대승운동은 초기 이후 수 세기에 걸쳐 대승의 정신과 이념을 표명하는 여러 계열의 대승 경전이 출현함으로써 새로운 불교의 전통을 형성해 간다. 이들 대승 경전은 석가모니 붓다의 설법에 가탁(假託)[3]하여 이루어지는데, 이 가운데 하나가 바로 반야 계열의『금강경』이다.

인도 불교가 동북아시아로 전파되고, 그에 따라 초기불교와 부파불교 그리고 대승불교의 경전들이 한문(漢文)으로 번역된다.『금강경』한역(漢譯)본은 많지만, 구마라집[4]의 번역이 제일 오래된 것이다. 구마라집 이후

---

3 가탁이란 권위를 빌리는 것이다. 대승 경전이 석가모니 붓다의 설법에서 비롯하는 것으로 본다는 것이다. 불교 경전은 석가모니 붓다의 제자들이 석가모니 붓다에게 들은 설법을 모은 것이다. 설법을 모으는 것을 결집(結集)이라고 하는데, 결집은 합송(合誦)의 방법을 통해 이루어진다. '合誦(합송)'이란 함께 읊는다는 뜻을 가진 산스크리트 'saṃgīti'의 의미를 한자(한글)로 표기한 말이다. 고대 인도에서 성전은 성인의 가르침과 암송의 방법으로 전승하는데, 석가모니 붓다가 열반에 든 후 제자들은 암송으로 전승한 석가모니 붓다의 설법을 합송의 방법으로 확인하여 결집하고 후세에 전하고자 한 것이다. 합송은 먼저 아난다가 경을, 우팔리가 율을 송출하면 제자들이 모두 따라서 암송하는 과정으로 진행하는데, 송출과 암송은 '여시아문(如是我聞)'이라는 진술로 시작한다. '나는 (석가모니 붓다가 설한 설법을) 이렇게 들었다.'라는 것이다. 대승 경전은 석가모니 붓다의 설법을 듣거나 암송으로 전승한 것을 합송하여 결집한 것은 아니지만, 역시 '여시아문'으로 시작한다. 대승의 가르침이 석가모니 붓다의 깨달음에서 비롯하는 만큼, 대승 경전 또한 석가모니 붓다의 설법을 결집한 것이라고 주장하는 것이다.

4 구마라집(鳩摩羅什)은 인도인(서기 344-413)으로 7세 때 출가하여 9세 때에 어머니와 함께 반두달다에게서 소승을 배우고, 수리야소마로부터 대승을 배웠다고 전해진다. 현장 이전의 구역(舊譯) 시대를 대표하는 최대의 번역가로 라집, 동수(童壽)라고 한다. 후진의 제2대인 요흥은 그를 국사로 예우하였고, 장안대사(長安大寺)를 건립하여 그가 경전을 번역할 수 있는 도량으로 제공했다. 라집은 외국어에 능통했으며, 그때까지 번역된 경전들의 오류를 지적하고 교정함과 동시에 격의(格義) 수준에서 벗어나 중국인들에게도 쉽게 이해될 수 있는 용어를 사용하였다.

현장법사의 한역본은 『금강경』의 이치를 뚜렷하게 드러내고 있지만, 불법의 의미가 모호해진다는 평가를 받기도 한다. 구마라집이 번역한 『금강경』은 많은 곳이 선종의 설법으로 이해되기도 한다.

CHAPTER 02

불교 사상의
흐름과 내용

불교의
의미와 성격

'佛敎(불교)'는 佛(불), 즉 석가모니 붓다의 가르침을 근본으로 하는 사상이나 종교를 한자(한글)로 표기한 말이다. '佛(불)'은 깨달은 사람을 뜻하는 산스크리트 'buddha'의 소리를 한자(한글)로 표기한 말로, '佛陀(불타)'를 줄인 것이다. '佛陀'를 한글로는 '불타'로 읽기도 하고 '부처'로 읽기도 한다. '붓다'는 'buddha'의 소리를 한글로 직접 표기한 것이다.

· [표] buddha의 표기 ·

buddha	한글로 → 붓다			
	한자로 → 佛陀	⇒	한글로	→ 불타
				→ 부처

'釋迦牟尼(석가모니)'는 석가족의 성인을 뜻하는 산스크리트 'sakya-muni'를 한자(한글)로 표기한 것이다. 석가족의 출가 수행자였던 고타마

간다라

인더스강

꾸유
깐짜라
꼬살라
사밧티
까빨라앗투
네팔
시킴 부탄

맛짜
야무나강
밤사
사께따
까시
반찌
붸상리
방글라
데시

수라세나
꼬삼비
바라나시
제떼

아반띠
웃자이니
라자가하 잉가
마가다

나르마다강
앗사까
인도

고다바리강

녹색은 당시의 국명,
―은 현재 국경이야!

싯다르타가 깨달음을 얻어 붓다가 되었기에 석가족의 성인이라는 뜻에
서 석가모니라 존칭한 것이다. 그런데 붓다는 석가모니 붓다 이후로는
주로 석가모니 붓다를 가리키는 전칭(專稱)으로 쓰이지만, 원래는 각성(覺
性)한 사람, 즉 깨달은 사람 모두를 가리키는 범칭(汎稱)이다. 그래서 불교
는 발생적으로 석가모니 붓다가 설한 교법에서 기원하지만, 원리적으로
붓다가 되기 위한 교법이라는 의미를 함축한다.

불교는 석가모니 붓다 생존 시에 이미 교단이 조직되고, 인도 전역과 주변 여러 나라로 전파된다. 그러나 석가모니 붓다 입멸 후, 인도의 불교는 초기불교와 부파불교를 거쳐 대승불교 그리고 밀교로 이어지다가, 12세기 말 이슬람교도의 침입으로 점차 쇠퇴하게 된다. 하지만 동남아시아, 동북아시아 각 지역에 널리 전파된 불교는 그 보편적 성격에 의해 현재까지도 여러 나라에 많은 영향을 주고 있다. 한국, 중국, 티베트, 일본 등 북방에는 대승불교의 전통이 이어지고, 미얀마, 타이, 스리랑카 등 남방에는 주로 상좌부불교(소승불교)의 전통이 이어진다. 오늘날 불교는 그리스도교, 이슬람교와 함께 세계 3대 종교의 하나를 이룬다.

불교는 이전의 브라만교와 달리 『베다[5]』 성전(聖典)의 권위를 인정하지 않고 우주 창조신의 섭리를 믿지 않으며, 자신과 일체 존재의 실상에 대한 깨달음을 추구한다. 조용하고 편안하며 흔들리지 않는 각성(覺性)을 통해 연기(緣起)의 법을 깨달아 열반(涅槃)에 이르고자 하는 것이다. '緣起(연기)'란 말미암아 일어난다는 뜻을 가진 산스크리트 'pratītya-samutpāda'의 의미를 한자(한글)로 표기한 말이다. 모든 현상은 무수한 원인[因]과 조건[緣]이 상호 연계하여 성립되므로, 독립·자존하는 존재는 없다는 것인데, 바로 이것이 석가모니 붓다가 깨달은 일체 존재의 실상이다. '涅槃(열반)'은 불어서 끈다는 뜻을 가진 산스크리트 'nirvana'의 소리를 한자(한글)로 표기한 말이다. 타오르는 번뇌의 불꽃을 반야 지혜

---

5 『베다(veda)』는 본집과 주석서로 구분한다. 본집은 제사의식 때 부르는 찬가·가영(歌詠)·제문(祭文)·주문(呪文)을 집대성한 것이다. 리그베다(ṛg-veda)·사마베다(sāma-veda)·야주르베다(yajur-veda)·아타르바베다(atharva-veda)의 4베다로 세분된다. 4베다 본집을 통틀어 상히타(saṃhitā)라 한다. 주석서는 시기별로 브라마나(Brahmana), 아라냐카(Aranyaka), 우파니샤드(Upanishad)로 구분한다.

로 꺼뜨려서 일체의 번뇌가 소멸한 상태에 이른다는 것으로, 그 의미를 드러내어 멸(滅), 적(寂), 적멸(寂滅), 멸도(滅度), 원적(圓寂)이라 표기하기도 한다.

그런데 열반은 연기의 법에 대한 깨달음을 통해 이루어지는데, 이때 연기의 법은 존재 일체와 그 일체에 대한 진실을 의미하기 때문에, 열반은 원리적으로 개인의 깨달음만으로 그치지 않고 일체중생의 깨달음까지를 아우른다. 자신이 깨닫고 일체중생을 깨닫게 함으로써 비로소 완전한 열반을 이룰 수 있다는 것이다. 이것이 이른바 위로 깨달음을 구하고 아래로 중생을 교화한다는 '상구보리 하화중생(上求菩提 下化衆生)'의 정신이요, 아라한(阿羅漢)을 넘어선 보살(菩薩)의 경지에 이르러야 한다는 이상이다.

일체 존재의 실상에 대한 깨달음을 얻고 일체 평등의 관점에서 자비를 실천해야 한다는 대승불교의 주장은 이를 드러낸 것이다. 그런데 하화중생의 정신과 보살의 이상은 또 내재적으로 석가모니 붓다와 더불어 여러 붓다와 보살의 존재를 예시(豫示)함으로써 다불(多佛) 사상을 형성해 가게 된다. 그리고 이 과정에서 붓다의 존재[佛身]에 대한 신앙이 일어나 과거불과 미래불, 타방세계(他方世界)의 불, 보살(菩薩) 등에 관한 논의가 여러 형태로 전개되기에 이른다. 자비의 실천과 함께 정토 사상 및 정토 신앙의 길이 열린 것이다.

윤회와 업과 해탈에 관한
브라만교와 불교의 차이

불교는 브라만교의 타락과 폐단에 대한 반성에서 비롯한다. 그리고 그런 점에서 발생적으로 브라만교의 전통을 비판적으로 계승한다. 불교의 윤회(輪廻)와 업(業)과 해탈(解脫)의 개념도 브라만교에서 유래한다. 그러나 브라만교가 세계를 절대자인 브라만(Brahman)[6]이 창조했다고 믿는 데 반해, 불교는 상호 인과적으로 존재하는 만물이 생성·소멸의 순환을 반복하는 것이 세계라고 본다. 그래서 윤회와 업과 해탈에 대한 불교의 관점이나 논의도 브라만교의 주장이나 인식과 근본적인 차이를 드러낸다.

'輪廻(윤회)'는 산스크리트 'saṃsāra'의 의미를 한자(한글)로 표기한 말이다. 전생(轉生)·재생(再生)·유전(流轉)이라고도 한다. 생명이 있는 모든 것, 즉 중생(衆生)은 죽어도 다시 태어남으로써 육도(六道)[7]의 생성과 소멸을

---

6 'Brahman'은 『베다』 본집 시기에는 우주의 창조를 관장하는 신으로서, 우주의 유지를 관장하는 비슈누 그리고 해체를 관장하는 쉬바와 삼위일체를 이룬다.

7 자신의 업에 따라 이루어지는 여섯 가지 윤회의 길, 즉 지옥, 아귀, 축생, 아수라, 인간, 천상을 말한다.

반복한다는 것이다. '業(업)'은 산스크리트 'karman'의 의미를 한자(한글)로 표기한 말이다. 중생이 몸과 입과 마음으로 짓는 선악의 소행이나 결과를 가리킨다. 'karman'의 소리를 한자(한글)로 드러내어 '羯磨(갈마)'로 표기하기도 한다. 전생의 소행으로 인해 현생의 응보(應報)를 받는다고 하는 것처럼, 육도 윤회의 인과관계[8]를 결정짓는 요인이 업이다.

'解脫(해탈)'은 산스크리트 'moksa'의 의미를 한자(한글)로 표기한 것이다. 업과 윤회와 같은 결박 또는 장애에서 벗어난 해방, 자유 등을 가리킨다. 해탈이 타오르는 번뇌를 소멸함으로써만 이루어진다는 점에서 이를 특별히 열반이라고 한다. 업에 따라 윤회를 거듭하게 되는 결박이나 장애가 개인의 아집이나 탐욕, 분노, 어리석음 등으로 인한 번뇌에서 비롯되는 만큼, 깨달음의 지혜를 밝혀 타오르는 번뇌의 불꽃을 꺼뜨림으로써 열반에 이르게 된다는 것이다.

브라만교는 오로지 우주의 창조신이자 근본원리인 브라만을 통해서만 윤회와 업으로부터 해탈할 수 있다고 믿는다. 그러나 불교는 우주의 모든 사물과 현상이 원인과 결과로 연결되어 있으므로 어떤 존재나 현상도 독립적일 수 없다고 본다. 그래서 불교는 한편으로 일체 존재의 실상을 깨달음으로써 윤회와 업으로부터 해탈할 수 있어야 하고, 또 한편으로 나와 자연 만물의 연계성과 상호 의존성을 자각함으로써 일체중생에 대한 경외심을 갖고, 자비(慈悲)를 실천해야 한다고 주장한다. 불교는 이러한 해탈을 이루기 위해 이른바 삼학(三學: 계, 정, 혜)을 실천 규범으로 제

---

8 선한 행위를 하면 좋은 업보를 받고 악한 행위를 하면 나쁜 업보를 받는다는 것이다.

시하고 이에 대한 체계적인 수행을 안내한다. 계율[9]을 지킴으로써 몸과 마음을 청정하게 하고, 마음을 하나의 대상에 집중하여 고요한 선정의 상태에 이르며, 사물의 실상을 있는 그대로 꿰뚫어 반야(般若), 즉 연기의 법에 대한 지혜를 얻어야 한다는 것이다.[10]

	브라만교(Brahmanism)	불교(Buddhism)
	브라만 계급을 주축으로 하여 성립된 인도의 민족 종교	BC 5세기 인도 동북 지역에서 석가모니에 의해 창시된 종교.
세계관	•일체 존재는 브라만이 창조함 •일체 존재는 창조신 브라만의 섭리에 따라 생성·소멸함	•일체 존재는 연기의 법에 따라 생성·소멸함 •일체 존재의 생성·소멸은 상호 의존적임
윤회관	•일체 존재는 업의 인과에 따라 육도 윤회를 거듭함 •일체 존재의 본질(실체, 영혼)인 아트만은 고정 불변함	•일체 존재는 업의 인과에 따라 육도 윤회를 거듭함 •고정불변한 본질(실체, 영혼)은 존재하지 않음
해탈관	•일체 존재의 본질인 아트만이 창조주의 근본원리인 브라만과 하나로 같다고 믿음 •생성·소멸의 변화와 육도 윤회에 속박된 아트만은 브라만의 구원을 통해 무한 불변의 존재로 거듭남	•일체 존재는 연기의 법에 따라 상호의존적으로 생성·소멸한다는 것을 깨달음 •일체 존재는 연기의 법을 깨달음으로써 아트만에 대한 집착을 끊고 완전한 정신적 자유를 얻음
	•창조신의 구원으로 해탈함 •범아일여	•중생의 자력으로 해탈함 •정신적 경지, 해탈=열반

9　계율은 몸과 입과 마음으로 악행을 짓지 않기 위해 지켜야 하는 행위 규범이다. 출가자인 비구는 227계(북방 250계), 비구니 311계(북방 348계)를 지켜야 하고, 예비승인 사미와 사미니는 10악(十惡)을 짓지 않도록 10계를 지켜야 한다. 10악(十惡)은 살생, 도둑질, 사음, 망어, 악구, 양설, 기어, 탐, 진, 사견을 말한다. 재가자는 5계인 불살생, 불투도, 불사음, 불망어, 불음주를 지켜야 한다.

10　자현 저, 『자현 스님이 들려주는 불교사 100장면』(불광출판사, 2018), pp.28-31.

육사외도 및
브라만교와 불교의 수행

불교가 발생하던 시기의 인도에는 석가모니 붓다 외에도 브라만교의 권위와 전통에 반기를 든 여러 사상가가 나타난다. 이들 사상가를 통틀어 사문이라 부른다. '沙門(사문)'은 산스크리트 'Sramana'의 소리를 한자(한글)로 표기한 말로, 바라문과 상대적인 개념이다. 산스크리트 'Brāhmaṇa'의 소리를 한자(한글)로 표기한 '婆羅門(바라문)'은 당시 카스트 제도의 최고 계층인 성직자를 가리킨다. 이에 비해 사문들은 『베다』 성전의 권위를 인정하지 않는 출가 수행자들이고, 그래서 이들을 노력하는 사람을 가리키는 '사문'으로 지칭한 것이다. 사문들은 우파니샤드 철학을 수용하여 새로운 인생관, 세계관, 우주관 등 여러 사상과 학설을 주장한다. 사문들의 주장은 62견(六十二見) 또는 363종 이설(異說)이라 불리는데, 불교는 이들 사문의 사상과 학설을 정리해 그 가운데 가장 중요한 여섯 개의 주장을 '육사외도(六師外道, ṣaḍ samānā)[11]'로 분류한다. 육사란 베다(veda)의 권위를 부정하는 여섯 명의 사상가를 가리키고, 외도란 불교 이외의 가르침으로서 정도를 벗어났다는 것을 뜻한다.

도덕부정론 푸라나 캇사파 (Purana Kassapa)	• 선악(善惡)의 구분은 절대적인 것이 아니라, 인간이 마음대로 정의한 것 • 인간 임의대로 모든 것을 정했기 때문에 살생, 도둑질, 간음 등은 실제로 악행을 범한 것은 아니며, 보시와 방생 같은 선행도 마찬가지임 • 업(業)은 없으며 업에 의한 응보도 없고, 업보도 존재하지 않으며, 인간의 길흉화복은 인과가 아니라 단순히 우연에 의한 것임
숙명론 막칼리 고살라 (Makkhali Gosala)	• 지·수·화·풍·공·득·실·고·락·생·사·영혼의 12원소설 주장 • 의지의 작용을 부정하고 극단적인 결정론을 주장 • 인과와 업보를 부정하고 무인무연(無因無緣)을 주장 • 모든 것은 이미 정해져 있어서 수행으로 해탈하는 것은 불가능하고, 인간은 840만 겁을 윤회하는 동안 저절로 고통이 없어져 스스로 해탈하게 됨
유물론 아지타 케사캄발린 (Ajita Kesakambalin)	• 물질의 구성단위는 지수화풍(地水火風) • 삶은 4대 원소의 결합이며 죽음은 4대 원소가 흩어져 무로 돌아가는 것 • 현세의 삶만 존재할 뿐, 사후 세계나 영혼은 존재하지 않음 • 윤회도 없고 선악에 따른 과보도 없으므로, 도덕을 인정할 수 없음
7요소설 파쿠다 캇차야나 (Pakudha Kaccayana)	• 인간의 생명은 지·수·화·풍·고락(苦樂)·생명·영혼의 7가지로 구성 • 세계는 항상 7요소들의 집합이기 때문에 불생불멸함 • 살인을 저지른다고 해도 죽이는 자도 없고, 살해되는 자도 없다고 주장함: 칼로 인간의 목을 벤다 해도 인간을 죽이는 것이 아니라 단지 일곱 가지 요소 사이로 칼이 지나갈 뿐임
회의론 산자야 벨랏티풋타 (Sanjaya Belatthiputta)	• 진리를 객관적으로 인식하는 것은 불가능(불가지론) • 회의론과 불가지론은 고뇌하는 사람에게 명확한 답을 줄 수 없음 (불교와 자이나교에 흡수당함)
자이나교 니간타 나타풋타 (Nigantha Nataputta)	• 영혼은 물질의 업(業)에 속박되어서 현실은 비참한 상태에 빠짐 • 영혼을 물질로부터 해방시켜야 하는데, 그 방법으로 고행을 제시 • 불살생(不殺生), 불도(不盜), 불음(不淫)을 지키며, 무소유(無所有)를 실천

---

11 육사외도의 구분은 표기에 따라 다르게 발음하기도 하는데, 빨리어 경전에 따르면 뿌라나 깟사빠(도덕부정론자), 막칼리 고살라(숙명론), 아지따 께사깜발린(유물론), 뿌꾸다 깟짜야나(7요소설), 산자야 벨랏티뿟따(회의론), 니간타 나따뿟따(자이나교)로 나뉜다. (후지다고다쓰 등 저, 이지수 역(1989), 앞의 책, pp.20-27.)

한편 불교 발생 당시 인도에는 육사외도의 사문들 외에도, 브라만교의 타락과 폐단을 비판하고 이를 개혁하고자 하는 다른 사상가들이 나타난다. 브라만교의 정통을 계승한 수정주의 바라문들, 즉 브라만교의 수정주의자들이 바로 그들이다. 이들 수정주의 바라문은 우파니샤드의 철학적 사색을 중시하면서도 사문들과 달리 『베다』 성전의 권위를 인정하고 우주 창조신의 섭리를 믿는다. 이른바 육파철학(六派哲學)은 이들을 대표하는 주장을 통틀어 말한 것이다.

육사외도의 사문은 불교에 앞서 브라만교의 전통과 권위를 부정한다. 그리고 그 과정에서 브라만교의 창조신 신앙과 정통 바라문의 주장에 반대하고, 해탈에 이르는 방편으로서 고행(苦行)을 수행한다. 고타마 싯다르타는 깨달음을 얻어 붓다가 되기 이전, 사문의 출가 수행자로서 고행을 수행하고자 하였다. 그래서 고행주의 수도자를 찾아갔으나, 고행의 목적이 죽어서 하늘에 태어나고자 하는 것임을 알고 떠났다. 그런 다음 예언자 조로아스터의 가르침을 추종하는 배화주의(拜火主義) 수행자를 찾아갔다. 그러나 그들 또한 아후라 마즈다[12]를 최고신으로 믿고 불을 숭배하는 예식을 드리는 것을 보고 떠났다. 그래서 다음에는 선정(禪定)을 수행하고자 하였다.

당시 수정주의 바라문들은 브라만교의 정통을 계승하고자 하면서도 브라만교의 타락과 폐단을 비판하고 수행에 힘써 해탈에 이를 것을 주장하였다. 이들은 사문들과 달리 고행이 아닌 선정의 수행에 힘썼다. 고

---

12 아후라는 신(神), 마즈다는 지혜(智慧)의 뜻이다. 고대 페르시아에서 믿는 하늘의 선신(善神)으로서, 조로아스터(Zoroaster)교에서 전지전능한 최고 창조신으로 받든다.

타마 싯다르타는 수정주의 바라문을 찾아가 선정의 수행을 배웠다. 그리고 선정의 수행에 힘써 무소유처(無所有處)와 비상비비상처(非想非非想處)의 적정(寂靜)에 이를 수 있었다. 하지만 선정을 통해 도달한 적정의 경지가 선정 이후까지 지속하는 것은 아니었다. 그래서 고타마 싯다르타는 다시 정신의 자유를 얻고자 6년이라는 기간 동안 육체적 고행을 감내해 보았다. 그러나 육체의 고통을 극복한다고 하여 정신이 자유로워지는 것은 아니었다.

불교의
중도와 무상과 무아 그리고 공

    고타마 싯다르타는 출가 수행자가 되어, 육사외도의 사문들이 주장하는 고행과 수정주의 바라문들이 주장하는 선정을 모두 수행해 보았다. 그러나 고행과 선정 그 어느 것으로도 완전한 해탈에 이르는 것은 불가능하였다. 고행이나 선정을 아무리 수행해 보아도 완전한 해탈을 얻을 수는 없었다. 고타마 싯다르타는 그래서 방법을 달리하였다. 네란자라강에서 몸을 씻고, 마을 처자가 바친 우유죽을 먹고 기력을 회복한 후, 보리수 밑에서 사색에 들었다. 그리고 마침내 일체 존재의 실상을 깨달아 붓다가 되었다. 고행과 선정을 모두 아우르는 중도(中道)[13]의 지혜[般若]가 바른길임을 자각한 고타마 싯다르타는 사색에 잠긴 지 7일 만에 연기의 법을 깨달은 것이다.

---

13 중도(中道)란 선정에 정신적 자유(쾌락), 육체적 고행의 양극단에 치우치지 않는 것이다. 진리를 보는 눈을 만들고 진리를 아는 지혜를 만들어 적정, 초월적 지혜, 완전한 깨달음, 열반으로 인도한다.

석가모니 붓다가 깨달은 연기의 법은 중도의 지혜로서 브라만교의 범아일여(梵我一如) 사상을 정면으로 부정한다. 삼법인(三法印)[14]에서 말하는 무상(無常)과 무아(無我)는 이를 특히 잘 드러낸다. '諸行無常(제행무상)'의 '無常(무상)'은 산스크리트 'anitya'의 의미를 한자(한글)로 나타낸 말로 유해 변화하는 것은 어떤 존재도 고정불변한 것이 없다는 것이다. '諸法無我(제법무아)'의 '無我(무아)'는 산스크리트 'anatman'의 의미를 한자(한글)로 표기한 말로 브라만교가 주장하는 'atman', 즉 개체 존재는 본질이 실재하지 않는다는 것이다. 존재하는 모든 것은 연기의 법에 따라 상호 인과적으로 생성하고 소멸해 가는 것이기에, 일체 존재는 변화하는 것일 뿐 고정불변할 수는 없고[諸行無常], 따라서 일체 존재는 그 본질이 실재하지 않는다[諸法無我]는 것이다.

브라만교는 우주의 창조신이자 근본원리인 브라만이 스스로 질료인과 동력인이 되어 자기 자신을 전개함으로써 전 세계의 만물이 이루어졌다고 믿는다. 이러한 믿음은 베단타, 즉 『베다』의 마지막인 '우파니샤드'에 이르러 범아일여(梵我一如) 사상으로 정립된다. '梵我一如(범아일여)'란 梵(범)과 我(아)가 하나[一]로 같다[如]는 것인데, 이때 '梵(범)'은 산스크리트 'Brahman'의 소리를 한자(한글)로 표기한 말이고 '我(아)'는 산스크리트 'atman'의 의미를 한자(한글)로 표기한 말이다. 범아일여는 우주의 창조신이자 근본원리인 브라만[梵]을 개체 존재의 본질인 아트만[我]과 동일시하는 것으로, 이는 한마디로 '브라만이 곧 아트만이고, 아트만이 곧

---

14 삼법인(三法印)은 연기의 법에 비추어 일체 존재의 실상을 드러낸 것으로 '제행무상(諸行無常)', '제법무아(諸法無我)', '일체개고(一切皆苦)'이다. '열반적정(涅槃寂靜)'을 추가하면 사법인이라고도 한다.

브라만이다.'라는 진술로 드러난다.

　브라만교의 범아일여 사상은 개체의 본질인 아트만을 우주 전체의 근본원리인 브라만과 유기적 상관성을 갖는 실체로 자리매김하고, 그래서 개체 존재가 업의 인과에 의해 육도 윤회를 반복할지라도 그 실체나 영혼은 불멸한다는 믿음을 정당화하는 근거로 자리한다. 하지만 석가모니 붓다가 깨달은 연기의 법에 따르면, 일체의 만물은 끊임없이 생멸변화하기 때문에 한순간도 똑같은 존재(상태)로 머물러 있지 않고, 따라서 개체 존재는 업의 인과에 따라 육도 윤회를 반복할 뿐 불변하는 본질이라든가 불멸하는 영혼이라고 할 수 있는 것은 있을 수 없다. 일체 존재는 이렇듯 연기하기 때문에 무상하고 무상하기에 무아이며 무아이기에 공(空)한 것임에도, 연기의 법을 깨닫지 못한 중생은 공(空)인 자아의 본질에 집착하고 또 공인 것에 집착하기 때문에 괴롭게 된다.

　'이 세계는 상호의존의 관계로 성립된다.' 그래서 '여러 여래가 세상에 출현하든, 세상이 출현하지 않든 연기는 법으로 정해져 있다.' 연기란 동서고금을 통해 변함없는 존재의 이치이자 보편적인 법칙으로 자리하고 있다는 것이다. 고타마 싯다르타는 연기의 법을 깨달아 석가모니 부처가 되지만, 중생은 연기의 법을 직시하지 못함으로써 번뇌의 고해(苦海)에 빠진다. 그래서 불교는 '연기를 보는 자는 법을 본다. 법을 보는 자는 부처를 본다.'라고 주장한다. 연기의 법을 자각하면 부처가 되어 번뇌를 소멸하고 열반에 들어야 한다는 것이다.[15] 그런데 불교는 또 일체 존재의 상호 인과성과 그에 따른 생멸변화가 모두 연기의 법에 따르고

---

15 후지다고다쓰 등 저, 이지수 역(1989), 앞의 책, pp.64-68.

있지만, 그렇다고 고정적이고 변동이 없는 법이 따로 있는 것은 아니라고 주장한다. 그래서 다시 연기의 법을 고정불변한 법이라고 집착해서는 안 된다고 주장하며, 이를 '뗏목의 비유[16]'를 들어 설명한다. 석가모니 부처는 다만 일체 존재가 상호 인과적으로 존재하고 생멸변화해 간다는 연기의 법을 깨달아 모든 사람에게 보여 줌으로써, 누구나 이 법을 깨달으면 부처가 될 수 있음을 제시했을 뿐이라는 것이다.

불교에서 주장하는 십이연기(十二緣起), 사성제(四聖諦)와 팔정도(八正道), 삼법인(三法印) 등의 이론[17]이나 지(止)·관(觀) 등의 수행[18]은 모두 이러한 연기의 법과 무상과 무아 그리고 공의 개념을 기초로 한다.

---

16 '뗏목의 비유'는 제6품 정신희유편을 참고하기 바란다.

17 십이연기, 사성제, 팔정도, 삼법인 등에 대해서는 7절에서 설명한다.

18 괴로움에서 벗어나 해탈 열반에 이르기 위한 신체적, 언어적, 심적 행위 등을 말한다. 지(止)와 관(觀)은 삼학의 선정과 지혜에 해당한다. 불교는 초기불교 이래로 계율과 함께 사마타(samatha, 止, 고요) 및 위빠사나(vipassanā, 觀, 통찰) 수행을 비롯하여 호흡 수행, 자비 수행, 선정 수행 등에 이르기까지 다양한 방법을 활용하고 있다.

부처의 이름과
10대 제자

부처의 이름(여래십호) 깨달은 사람(석가, 부처)	부처의 10대 제자 [19]
• 여래(如來): 깨달음으로 진리를 체현하신 분	• 사리불(Sariputa): 지혜(智惠) 제일
• 응공(應供): 존경과 공경을 받을 분	• 목건련(Maudgayayana): 신통(神通) 제일
• 정변지(正遍知): 두루 깨달은 분	• 마하가섭(Mahakasyapa): 두타(頭陀) 제일
• 명행족(明行足): 계, 정, 혜를 실천하신 분	• 수보리(Subhuti): 해공(解空) 제일
• 선서(善逝): 진리를 설하고 깨달은 분	• 부루나(Purna): 설법(說法) 제일
• 세간해(世間解): 세상을 꿰뚫고 이해한 분	• 가전연(Katyayana): 논의(論議) 제일
• 무상사(無上士): 최고의 지혜를 지닌 분	• 아나율(Aniruddha): 천안(天眼) 제일
• 조어장부(調御丈夫): 진리로 인도하는 분	• 우파리(Upali): 지율(持律) 제일
• 천인사(天人師): 진리를 가르쳐 주는 스승	• 라후라(Rahula): 밀행(密行) 제일
• 불세존(佛世尊): 깨달음을 얻은 존귀하신 분	• 아난(Ananda): 다문(多聞) 제일

---

19 부처의 제자 ①사리푸트라(Sariputa): 사리자(舍利子) ②목갈리나(Maudgayayana): 목련존자(目連尊者) ③마하
카샤파(Mahakasyapa): 마하가섭(摩訶迦葉) ④수부티(Subhuti): 수보리(須菩提) ⑤푸르나(Purna): 부루나(富樓
那) ⑥카트야나(Katyayana): 가전연(迦旃延) ⑦우파리(Upali): 우바리(優婆離) ⑧아우룻다(Aniruddha): 아나율
(阿那律) ⑨라후라(Rahula): 라후라(羅睺羅) ⑩아난(Ananda): 아난(阿難)

불교 경전

    불교의 경전은 경(經), 율(律), 논(論)의 세 가지로 이루어진다. 이 세 가지를 통칭하여 삼장(三藏)이라고 한다. '三藏(삼장)'이란 산스크리트 'tri-pitaka'의 의미를 한자(한글)로 표기한 말로, 이때 '藏(장)'이란 물건을 담는 광주리나 바구니를 가리킨다. '經(경)', '律(율)', '論(논)'은 각각 산스크리트 'sutra', 'vinaya(sila)', 'abhi-dharma'의 의미를 한자(한글)로 표기한 것이다. 경은 일체 존재의 실상에 대한 석가모니 붓다의 가르침을 말하고, 율은 출가 수행자가 지켜야 할 개인의 행위 규범인 계(戒, sila)와 교단의 행동 규칙인 율(律, vinaya)을 통칭하는 것이며, 논은 존재의 실상에 대한 석가모니 붓다의 가르침을 논리적으로 설명한 이론을 가리킨다.

    초기불교의 경전은 경과 율뿐이고, 논은 부파불교 이후에 나타난다. 초기불교의 경과 율이 성립된 것은 석가모니 입멸 후 100년경으로, 석가모니 붓다의 초전법륜(初轉法輪) 이후부터 불교의 교단이 상좌부와 대중부로 분열되기 이전까지의 시기이다. 초기불교의 경과 율은 본래 상좌부와 대중부 모두의 공통 경전이었으나 근본 분열과 지말 분열 이후로 기본 경전이나 언어 및 용어 등을 달리하게 된다. 부파의 전승에 따라 공통 경전에 대한 해석이 달라지거나 경과 율을 산스크리트어나 팔리어 등의 서로 다른 언어로 기록하게 된 것이다.

초기불교의 경은 현재 한역(漢譯) 아함경(阿含經)으로 전한다. 한역 아함경은 장아함(長阿含), 중아함(中阿含), 잡아함(雜阿含), 증일아함(增一阿含)으로 나누어지는데, 이를 통칭하여 4아함이라고 한다. '阿含(아함)'은 산스크리트 'Agama'의 소리를 한자(한글)로 표기한 말로, 전승된 가르침이라는 의미를 담고 있다. 스승으로부터 제자에게로 차례로 전승되어온 교설을 모은 경전이 바로 4아함인 것이다. 한역 4아함은 고려대장경, 신수대장경 등에 포함되어 있고, 한글대장경 번역본이 전한다.[20] 그러나 한역 아함의 원전인 산스크리트본 āgama는 대부분 현존하지 않고 장아함의 일부만이 남아 있어 한역본과의 대조가 가능하다. 한역으로 전하는 초기불교의 경은 4아함경 외에도 『법구경』이 중시되는데, 이는 붓다가 설한 진리를 게송의 형식으로 담아낸 것으로, 팔리어 5부의 '소부'에서 찾아진다.

초기불교의 경은 한역 아함경과 별도로 팔리어 5부(五部)가 전한다. 5부는 장부(長部, Digha-nikāya), 중부(中部, Majjhima-nikāya), 상응부(相應部, Samyutta-nikāya), 증지부(增支部, Aṅguttata-nikāya), 소부(小部, Khuddaka-nikāya)로 구별된다. '部(부)'는 팔리어 'nikaya'의 의미를 한자(한글)로 표기한 말로, 모음이라는 의미를 담고 있다. 전승된 가르침을 종류별로 모은 경전

---

20 후지다고다쓰 등 저, 이지수 역(1989), 앞의 책, pp. 44-49.

이 바로 5부인 것이다. 소부를 제외한 나머지 4부는 각각 4아함과 상응하기는 하지만 완전히 일치하는 것은 아니다. 오늘날 스리랑카, 버마, 타이 등의 남방 불교국가에 받들어지고 있는 경은 팔리어 5부이고, 그래서 서구 여러 나라의 불교 및 불교학 연구는 이 팔리어 5부를 통해서 이루어진다. 팔리어본은 영국 런던에 있는 팔리어 성전협회(Pāli Text Society)에서 로마자의 교정본으로 번역된 번역서가 있다.

부파불교 이후 경에 대한 논이 출현하기 시작하여 계속되고, 대승불교 시기에는 다시 여러 계열의 대승경과 함께 새로운 논이 계속하여 출현한다. 특히 대승불교의 경과 논은 대승운동 초기부터 시작하여 중관사상, 유식 사상, 여래장 사상 등을 거쳐 밀교 사상이 성행할 때까지 약 1300년간 계속하여 방대하고 다양하게 나타난다.[21] 먼저 기원전 1세기 대승운동 초기부터 용수(150?~250?)까지의 시기에는 반야부, 화엄계, 법화계, 정토계의 경과 함께 논이 출현한다. 반야부 계통의 경인 『대반반야바라밀경』과 『반야바라밀다심경(약칭 반야심경)』과 『금강반야바라밀다경(약칭 금강경)』, 화엄계의 경인 『대방광불화엄경(약칭 화엄경)』, 법화계의 『묘법연화경(약칭 법화경)』, 정토계의 경인 『무량수경』과 『관무량수경』과 『아미타경』 등과 반야부 계통의 논인 『중론』, 『십이문론』, 『백론』 등이 그것이다.

다음으로 용수 이후부터 400년경까지의 시기에는 유식계와 여래장계의 경과 논이 출현한다. 유식계의 경으로는 『해심밀경』과 『대승아비달마경』이 있고, 여래장계의 경우에는 『여래장경』, 『승만경』, 『대반열반경』

---

21 한자경 지음, 『불교 철학의 전개, 인도에서 한국까지』(예문서원, 2003) pp.103-105, 참조.

등의 경과 『대승장엄경론』, 『불성론』 등의 논이 있다. 그리고 400년경부터 700년경까지의 시기에는 유식의 아뢰야식과 여래장과의 조화를 꾀한 경과 논이 출현한다. 『능가경』과 『대승기신론』이 그것이다. 이후 700년경부터 1200년까지의 시기에는 『대일경』과 『금강정경』 등의 밀교 경전이 출현한다.

한편 불교의 계율, 특히 불교의 근본 분열이 이루어지는 원인으로도 작용한 초기불교의 율은 팔리어로 쓰인 남방 상좌부의 '팔리 율'이 전한다. 한역으로 전해진 율은 법장부의 '4분율', 화지부의 '5분율', 설일체유부의 '10송율', 대중부의 '마하승기율', 근본설일체유부의 '근본설일체유부 비나야' 등이 있다. 이들 율은 티베트역본으로도 전한다.

· 불교경전 ·

대장경	삼장[경장·율장·논장], 티베트 대장경, 팔리어 대장경, 한역대장경[고려대장경, 대정신수대장경, 팔만대장경]
상좌부 · 소승 불교	4아함경[장아함경, 중아함경, 잡아함경, 증일아함경], 법구경, 밀린다왕문경, 본생경, 백유경, 과거현재인과경
대승 불교	반야경, 반야심경, 금강경, 화엄경, 법화경, 열반경, 해심밀경, 점찰경, 능가경, 승만경, 영락경, 원각경, 유마경, 인왕경, 정토삼부경[대무량수경, 관무량수경, 아미타경], 지장경, 미륵경
선불교	육조단경
티베트 불교 · 밀교	대일경, 금강정경, 능엄경, 이취경

– 대승삼부경: 화엄경, 금강경, 법화경
– 천태종 오부대승경: 화엄경, 대집경, 대반야경, 법화경, 열반경

- 나라를 지키는 데 중요한 세 경전: 법화경, 인왕반야경, 금광명경
- 기타 주요 불경: 법구경, 유마경, 능엄경, 원각경[22]

---

22 위키백과 https://ko.wikipedia.org/wiki/%EB%B6%88%EA%B2%BD

불교의 '연기' 사상,
사성제와 팔정도

가. 깨달음의 핵심 '연기'

차유고피유(此有故彼有) 이것이 있으므로 저것이 있고

차기고피기(此起故彼起) 이것이 일어나므로 저것이 일어난다.

차무고피무(此無故彼無) 이것이 없으므로 저것도 없고,

차멸고피멸(此滅故彼滅) 이것이 소멸하므로 저것도 소멸한다.[23]

나. 12연기(十二緣起) : 미혹한 세계의 인과관계, 12인연이라고도 한다.

①	②	③	④	⑤	⑥	⑦	⑧	⑨	⑩	⑪	⑫
무명	행	식	명색	육처	촉	수	애	취	유	생	노사
(無明)	(行)	(識)	(名色)	(六處)	(觸)	(受)	(愛)	(取)	(有)	(生)	(老死)

---

23 『잡아함』 13권 335경(大正藏 2, p.92 c), 『중아함』 21권 86경(同 1, p.562 c); 『중아함』 42권 181경(同 1, p.723c).

① '무명'은 미혹의 근본인 무지이다. 중생은 연기의 법에 대해 무지하여 번뇌와 미혹에 빠진 것을 말한다.

② '행'은 업을 쌓는 행위이다. 무지에 의한 사고, 언어, 신체 행동이 집적(集積)하여 윤회(輪廻)의 원인이 작용하는 것을 말한다.

③ '식'은 감각 및 인식의 작용 또는 능력이다. 안식(眼識)·이식(耳識)·비식(鼻識)·설식(舌識)·신식(身識)의 전오식(前五識)과 이에 대한 의식(意識)을 말한다. 전오식과 의식을 합하여 육식(六識)이라 한다.

④ '명색'은 감각 및 인식 대상이다. 오식에 대응하는 색(色)·성(聲)·향(香)·미(味)·촉(觸) 그리고 의식에 대응하는 법(法)을 말한다. 6경(六境)이라고도 한다.

⑤ '육처'는 감각 및 인식 기관이다. 육경의 대상에 대응하는 안근(시각), 이근(청각), 비근(후각), 설근(미각), 신근(촉각), 의근(사유)을 말한다. 육근(六根) 또는 육진(六塵)이라고도 한다.

⑥ '촉'은 감각 및 인식 작용이다. 육처의 기관이 육경의 대상과 접촉하여 감각 및 인식 작용이 이루어지는 것을 말한다.

⑦ '수'는 감각 및 인식 작용의 결과로서 받아들여진 감정이다. 고락(苦樂)의 감정을 기준으로 하여 고수(苦受), 낙수(樂受), 불고불락수(不苦不樂受)의 3수로 나누기도 하고, 감정을 통틀어 우(憂)·희(喜)·고(苦)·락(樂)·사(捨)의 5수로 나누기도 한다.

⑧ '애'는 갈애(渴愛) 또는 애착(愛着)이다. 무명, 행, 식, 명색, 촉, 수의 과정에서 이루어진 작용이나 결과 등에 대해 맹목적으로 집착하는 것을 말한다.

⑨ '취'는 취사선택하여 가지는 것이다. 갈애 또는 애착하는 것을 내

것으로 만드는 것을 말한다.

⑩ '유'는 취사선택의 결과로써 가지게 된 것이다. 일체 존재는 무명, 행, 식, 명색, 촉, 수의 과정과 갈애에 따른 취사선택을 계속함으로써 업이 축적되고 잠재력을 갖추게 된 것을 말한다.

⑪ '생'은 업의 잠재력이 원인이 되어 새로운 결과가 생겨나는 것이다. 인과관계에 따라 생겨나는 것은 과거로부터 현재까지의 과정으로 말할 수도 있고 현재로부터 미래까지의 과정으로 말할 수도 있다.

⑫ '노사'는 인과관계에 따라 생겨난 것이 소멸해 가는 것이다. 중생은 태어나면 반드시 늙고 죽는데, 인간에게는 이것이 고통의 원인이 된다는 것이다.

12연기 중 '무명'과 '행'은 과거세에 속하는 것이고, 이것이 원인이 되어 그 결과로서 현재세에 '식·명색·육처·촉·수'의 5가지가 나타난다고 이해하기도 한다.

다. 사성제와 팔정도, 삼법인(사법인)

사성제		석가모니가 수행을 통해 깨달은 '4가지 성스런 진리'
현실	고성제 (苦聖蹄)	현실 세계의 참모습을 설명한 것으로, 태어나는 것, 늙는 것, 병드는 것, 죽는 것 등을 포함하여, 중생의 삶 자체가 괴롭다는 것
	집성제 (集聖諦)	현실 세계의 모든 괴로움의 원인을 설명한 것으로, 어리석은 중생이 모든 사물은 변한다는 이치를 깨닫지 못하고 무명과 갈애에 의한 업을 쌓음으로써 고통이 발생한다는 것

	멸성제 (滅聖諦)	현실 세계의 모든 괴로움을 멸할 수 있음을 설명한 것으로, 고통의 원인인 무명과 갈애에 의한 집착과 탐욕을 없앰으로써 고통이 없는 청정무구한 해탈의 경지에 도달할 수 있다는 것
깨달음	도성제 (道聖諦)	현실 세계의 모든 괴로움의 원인을 소멸하는 방법을 설명한 것으로, 무명과 갈애에 의한 집착과 탐욕을 없애기 위해 중도의 지혜에 근거하여 팔정도를 실천해야 한다는 것

팔정도	깨달음을 얻기 위해 실천해야 할 수행법
정견(正見)	올바른 견해로, 자기와 인생과 세계에 대한 바른 인식과 가치관을 갖는 것
정사유(正思惟)	올바른 생각으로, 현실 세계를 있는 그대로 바라보고 이치에 맞게 합리적으로 사고하는 것
정어(正語)	올바른 말로, 진실하고 거짓 없는 언어생활을 하는 것
정업(正業)	올바른 행동으로, 살생하지 말고 방생하며, 도적질하지 않고 보시하며, 음란한 생활을 하지 말고 청정하게 생활하는 것
정명(正命)	올바른 생활로, 바른 견해와 생각에 근거하여 바른 몸가짐과 마음가짐을 가지고 이를 실천하는 것
정정진(正精進)	올바른 노력으로, 옳은 일에는 물러섬이 없고 실천해 나가는 것
정념(正念)	올바른 의식으로, 욕심과 탐욕을 버리고 건강하고 맑은 정신을 가지는 것
정정 (正定)	올바른 선정으로, 지혜를 얻기 위해 마음을 안정시키고 정신을 집중(集中)하는 것

삼법인 또는 사법인	
제행무상(諸行無常)	세상의 모든 것은 고정불변한 것이 아니라 끊임없이 생멸하고 변화한다.
제법무아(諸法無我)	만물의 모든 법은 인연으로 생긴 것으로 '나'라고 주장할 만한 불변하는 실체는 존재하지 않는다.
일체개고(一切皆苦)	끊임없이 변화하는 모든 것과 일체의 현상은 고통일 수밖에 없다.
열반적정(涅槃寂靜)	무상과 무아임을 깨달아 번뇌를 소멸하고 고요하고 평화로운 절대 경지에 이른다.

인간의 마음 작용과 구성 요소

구분	구성요소		내용
4대(四大) [4가지 물질의 이합(離合)과 집산(集散)으로 생하고 멸함]	지(地)		지(地)는 굳고 단단한 성질을 바탕으로 만물을 유지하고 지탱
	수(水)		수(水)는 습윤(濕潤)을 성질로 하여 만물을 포용하고 모으는 작용
	화(火)		화(火)는 따뜻함을 성질로 하여 만물을 성숙시킴
	풍(風)		풍(風)은 움직이는 것을 성질로 하여 만물을 생장시키는 작용
오온(五蘊) [인간의 육체와 마음]	색(色)	육체	형상과 색깔이 있는 모든 물체
	수(受)	정신	괴롭다·즐겁다·괴롭지도 즐겁지도 않다 등으로 느끼는 마음의 작용
	상(想)		외계의 사물을 마음속에 받아들이고 그것을 상상하여 보는 마음의 작용, 곧 연상
	행(行)		인연 따라 생겨나서 시간적으로 변천하는 마음의 작용과 반응
	식(識)		의식하고 분별하는 마음의 작용

18계	12처	육근(六根) 6가지 감각 기관	안(眼)	눈[眼根]
			이(耳)	귀[耳根]
			비(鼻)	코[鼻根]
			설(舌)	입[舌根]
			신(身)	몸[身根]
			의(意)	뜻[意根]
		육경(六境) / 육진(六塵)	색(色)	심성을 더럽히는 육식(六識)의 대상계(對象界)로서 육근을 통하여 몸에 들어가 우리들의 정심(淨心)을 더럽히고, 진성(眞性)을 덮어 흐리게 하는 것
			성(聲)	
			향(香)	
			미(味)	
			촉(觸)	
			법(法)	
	육식(六識)		안식(眼識)	시각[眼]으로 시각 대상[色]을 식별하는 마음 작용
			이식(耳識)	청각[耳]으로 청각 대상[聲]을 식별하는 마음 작용
			비식(鼻識)	후각[鼻]으로 후각 대상[香]을 식별하는 마음 작용
			설식(舌識)	미각[舌]으로 미각 대상[味]을 식별하는 마음 작용
			선식(身識)	촉각[身]으로 촉각 대상[觸]을 식별하는 마음 작용
			의식(意識)	의식[意]으로 의식 내용[法]을 식별, 인식하는 마음 작용

부파불교(소승불교)와
대승불교, 중관 사상, 유식 사상

가. 부파불교(소승불교)와 대승불교

구분	부파불교(소승불교)	대승불교
내용	• 부처의 입멸 후 제자들은 석가모니의 가르침을 철학적으로 이론화하고, 경전 체계를 확립 • 경전을 이론화하는 과정에서 계율과 경전의 해석을 둘러싸고 여러 교파로 분열(부파불교) • 자신의 해탈과 엄격한 종교성을 중시하여 점차 대중적 기반이 약화 • 수행자 자신의 정신세계에만 몰입하고 사회와는 분리된 엄격한 수행과 개인 해탈을 강조 • 해탈의 수행 과정을 통해 이룬 이상적 존재 → 아라한 또는 나한 • 석가모니 때 발달했던 원시불교와 아소카왕이 불교의 보급과 발전에 공헌했을 때의 불교를 통틀어 소승불교라 함	• 대승은 큰 수레, 즉 불타는 집에 큰 수레를 끌고 들어가 많은 대중을 구제한다는 데서 유래 • 원래 승려만의 종교였던 불교를 널리 민중에게까지 보급하기 위하여 재가자(출가하지 않고 수행하는 신도)를 포함 • 교리의 체계화에 몰두하느라 대중과 멀어진 부파불교를 소승불교로 규정 • 기존의 보수적 성격을 지닌 소승불교를 비판, 자신들이 진리 추구나 중생 구제를 목적으로 하는 노력이 기존의 불교보다 우월하다고 봄 • 이상적인 인간상 → 보살 • 수행 덕목: 육바라밀(六波羅密)과 공(空) 사상을 기본으로 하여 전개
지역	동남아시아 지역(남방불교) 스리랑카, 타이, 베트남, 라오스 등	동북아시아(북방불교) 중국, 몽골, 티베트, 한국, 일본 등

나. 아라한(阿羅漢)과 보살(菩薩)

상좌부 전통의 부파불교(소승불교)와 대승불교의 두드러진 차이를 드러내는 대비 중 하나는 아라한(阿羅漢)과 보살(菩薩)의 경지이다. '阿羅漢(아라한)'은 산스크리트 'arhat'의 소리를 한자(한글)로 표기한 말로 '羅漢(나한)'으로 약칭하기도 한다. 공양을 받을 만큼 존경스러운 사람이라는 의미에서 응공(應供), 수행의 적인 모든 번뇌를 없앤 사람이라는 뜻에서 살적(殺賊) 진리에 상응하는 사람이라는 의미의 응진(應眞), 모든 번뇌를 끊어 더는 닦을 것이 없는 사람이라는 의미에서 무학(無學)이라고도 한다. 아라한은 본래는 불교의 이상적인 인간상인 부처를 지칭하는 명칭이었으나, 대승불교의 전통에서는 상구보리의 자리를 추구하는 수행자 특히 성문승(聲聞乘)의 네 단계 중 최고 경지를 일컫는 말로 전용되어, 보살에 미치는 못하는 경지를 지칭하는 개념으로 쓰인다.

'菩薩(보살)'은 산스크리트 Bodhisattva의 소리를 한자(한글)로 표기한 것으로, 菩提薩埵(보리살타)를 줄인 말이다. 보살은 '깨달음이 확정된 중생', '지혜를 가진 자', '지혜를 본질로 하는 사람'이라는 의미를 지닌 말로, 원래는 석가모니 붓다를 깨달음을 구하는 구도자로 지칭하기 위한 개념이다. '보살'이라는 용어는 기원전 2세기경에 성립된 『본생담(本生譚)』에서 '본생 보살'이라는 개념으로 처음 등장한다. 본생 보살은 깨달음을 얻은 석가모니 붓다를 신성화하고 그 깨달음의 근원을 석가모니 붓다가 전생에서 이룬 여러 가지 수행에서 찾기 위한 개념으로 제시된다. 그래서 『본생담』에서 보살은 범천(梵天), 수신왕(樹神王), 장자(長者), 사제(司祭), 선인(仙人), 사자(獅子), 코끼리[象], 원숭이[猿], 새[鳥] 등 여러 존재로 다양하게 등장하지만, 이들은 결국 석가모니 붓다의 전생으로 귀착한다.

보살은 대승불교의 여러 경전과 문헌에서 한층 더 빈번하고 다양하게 언급된다. 그러나 대승불교의 보살은 석가모니 붓다나 그 전생과 직접 관련이 없는 개념으로, 다수이며 동시에 각기 별개인 존재를 지칭한다. 이러한 보살은 대승불교의 전통에서 상구보리의 자리와 하화중생의 이타를 실천하는 경지를 가리키는 개념으로 정착되는데, 이 과정에서 다양하고 새로운 의미로 전변되고 확장되어 간다. 우선, 자비(慈悲)와 절복(折伏)의 신앙대상으로 관세음보살과 대세지보살(大勢至菩薩), 반야경 계통의 문수보살(文殊菩薩), 화엄경 계통의 보현보살(普賢菩薩), 지장보살(地藏菩薩) 등 수많은 보살 신앙이 전개된다. 또 정토사상과 관련하여 미륵보살로부터 미래불인 미륵불 신앙이 전개되고, 아촉보살로부터 아촉불 신앙이 전개되며, 법장보살로부터 아미타불 신앙이 전개된다. 그런가 하면 이른바 범부 보살 사상으로도 확장된다. 중생을 구제하겠다는 서원(誓願)과 신이 쌓은 선근과 공덕을 중생을 위해 돌리겠다는 회향(回向)을 일으킨 사람은 범부(凡夫)라도 모두 보살[24]로 지칭한다.

역사적으로 고승(高僧)이나 대학자 등을 보살이라 존칭하는 것은 대승불교의 보살 개념에서 비롯한다. 인도의 용수(龍樹), 마명(馬鳴), 무착(無着), 세친(世親) 등이 보살로 지칭되고, 원효(元曉)가 보살의 칭호를 받았다. 『삼국유사』에 보살이 행한 일화를 담고 있는 이야기가 있으며, 관세음보살이 행화로 노힐부득 달달박박 이야기가 전한다. 오늘날 재가·출가를 막론하고 모든 불교도를 보살이라 칭하는 것도 대승불교의 보살 개

---

24 보살의 수행은 초발심, 행도, 불퇴전 일생보처의 단계로 진행되는데, 초발심(初發心)은 최초 단계로 진리를 추구하는 단계, 행도(行道)는 번뇌의 속박에서 벗어나려고 수행하는 단계, 불퇴전(不退轉)은 도달한 경지에서 물러나거나 수행을 중지하는 일이 없는 단계, 일생보처(一生補處)는 한생이 끝나면 다음에 부처가 되는 단계이다.

념을 계승한 것이다.[25]

다. 육바라밀

대승불교의 특징을 드러내는 또 하나의 대비는 팔정도에 대한 육바라밀(六波羅蜜)의 실천이다. 육바라밀은 여섯 가지의 바라밀을 지칭하는데, 이때 '波羅蜜(바라밀)'은 피안에 이른다는 뜻을 가진 산스크리트 'paramata'의 소리를 한자(한글)로 표기한 것으로, '波羅蜜多(바라밀다)'를 줄인 말이다. 육바라밀이란 여섯 가지의 수행, 즉 보시, 지계, 인욕, 선정, 정진, 지혜의 실천을 통해 완전한 구극(究極)의 최고 경지인 깨달음을 얻는 것을 말한다. 보살이 위로 깨달음을 구하고 아래로 중생을 구제하기 위해서는 육바라밀을 실천해야 한다는 것인데, 이 중 보시와 인욕 그리고 지혜는 팔정도와의 차이를 잘 드러낸다.

실천 덕목		의미
이타(利他) 하화중생 (下化衆生)	보시(布施)	보시는 널리 베푼다는 뜻으로 아무런 조건 없이 주는 것 −재보시(財布施): 물질적인 나눔 −법보시(法布施): 교육적인 나눔 −무외시(無畏施): 종교적인 나눔
	지계(持戒)	계율을 잘 지켜 악을 막고 선을 실천
	인욕(忍辱)	박해나 곤욕을 참고 용서하는 생활
자리(自利) 상구보리 (上求菩提)	정진(精進)	꾸준하고 용기 있게 노력하는 생활
	선정(禪定)	마음을 바로잡아 고요한 정신 상태에 이르는 것
	지혜(智慧)	진상(眞相)을 바르게 보는 정신적 밝음

---

25 출처: 네이버 백과사전 수정 인용 https://terms.naver.com/entry.nhn?docId=576639&cid=46648&categoryId=46648

라. 중관 사상과 유식 사상

　중관 사상과 유식 사상은 대승불교의 주요한 흐름으로, 석가모니 붓다가 설한 연기의 법을 각각 공(空)과 식(識)의 관점에서 설명한다. 중관 사상은 일체 존재는 인연에 따라 생멸하기 때문에 자성(自性)이 없는 공이라고 주장한다. 반면 유식 사상은 인연에 의해 생멸변화해 가는 일체 존재는 자성이 없는 공이지만 마음의 작용[識]은 실재한다고 주장한다.

구분	중관 사상	유식 사상
내용	• 공(空)의 원리 　초기불교의 연기설(緣起說)을 바탕으로 공(空) 사상을 제시하면서 모든 현상은 일시적으로 존재한다고 봄 → 이를 근거로 하여 부파불교에서 제시한 자성(自性) 개념을 비판함 • 중도(中道) 　유(有)에 집착하는 관점과 무(無)에 집착하는 관점에서 벗어나 어느 한쪽에도 치우치지 않아야 한다고 주장함 • 중관(中觀) 　중도에 따라 현상을 있는 그대로 관찰하는 것	• 공의 원리에 따라 사물의 실체는 부정하면서도 마음의 작용인 의식[識]은 존재한다고 봄 • 유식(唯識) 　마음의 작용을 떠나서는 어떠한 실재도 있을 수 없음 • 모든 것은 우리의 마음이 만들어 낸 것이라는 일체유심조(一切唯心造)를 강조 • 마음의 작용을 제대로 알고 수행해야 궁극 목적인 해탈에 이를 수 있다고 봄 • 요가 수행 　마음의 작용을 통제하여 분별이 없는 마음인 지(智)를 얻는 것
사상가	용수, 제바	무착, 세친

중국불교

가. 교종과 선종

불교가 중국에 수용되고 중국인들 언어와 개념에 맞는 형식과 내용으로 재해석되어, 다양한 중국불교의 종파로 전개된다.

교종(教宗)	선종(禪宗)
• 부처의 말씀인 경전을 근본으로 하는 종파 • 해탈을 얻기 위해 경전을 이해해야 함 • 계율의 실천과 수행을 통한 성불(成佛) 중시	• 달마 대사로부터 시작하여 혜능에 의해 정립 • 누구나 본마음인 불성을 자각하면 부처가 될 수 있음 • 진리가 모든 사람의 마음속에 있다고 보아 스스로 수행을 통한 주체적인 자아의 완성과 해탈을 강조함 • 돈오(頓悟)와 선(禪)의 수행을 강조

종파	주요 경전
천태종	법화경
화엄종	화엄경
정토종	아미타경, 무량수경

나. 선종의 계보

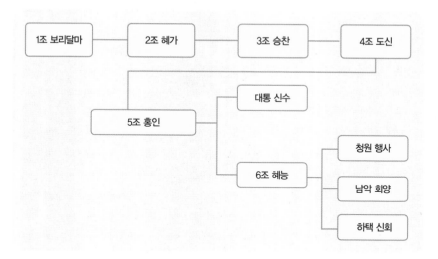

한국불교

우리나라는 삼국 시대에 체제 정비와 민심 안정을 위해 국가적 차원에서 불교를 수용한다. 불교를 통해 고대 국가의 초석을 확립하고자 한 것이다. 신라는 가장 늦게 불교를 수용하지만, 통일 신라 시대 말기에 선종을 수용한다. 고려 시대에는 교종과 선종 간의 조화를 이루기 위한 노력이 전개된다. 한국불교는 민족과 국가를 수호하고자 하는 점에서 호국불교적 성향이 강하고 원효, 의천, 지눌 등과 같이 여러 종파를 통합하려 한 점에서 종합불교적 특징을 띤다.

가. 원효

원효는 일심이문(一心二門)에 근거하여 부처와 중생이 하나라고 보아, 걸림 없는 실천을 통해 이웃을 내 몸처럼 사랑하고 이롭게 할 것과 종파의 대립을 넘어서 불교 사상 전체를 종합적으로 회통할 것을 주장한다.

• 일심(一心) 사상: 일심은 깨끗함과 더러움, 참과 거짓, 나와 너 등 일

체의 이원적 대립을 초월하는 절대불이(絕對不二)한 것을 말한다. 인간답게 사는 길은 존재의 원천인 일심으로 돌아가는 것이다.

• 화쟁(和諍) 사상: 당시 대립·갈등하는 여러 불교 종파의 주장들을 높은 차원에서 하나로 아우른다.

나. 의천과 지눌

의천과 지눌은 교종과 선종의 화합을 위해 노력하는 점에서 공통적이다. 그러나 의천이 교종을 중심으로 하는 데 반해, 지눌은 선종을 중심으로 하는 점에서 차이를 보인다. 의천은 교(敎)를 배우는 사람들이 내면을 닦는 수행을 경시하고, 선(禪)을 익히는 사람들은 교리를 경시하는 경향이 있다고 진단한 다음, 이는 모두 극단으로 치우친 경향이라고 비판하고, 이를 해결하기 위해 안과 밖을 모두 닦아야 한다고 주장한다.

지눌은 선종의 깨달음을 추구하면서도 교종에서 중시하는 경전 공부의 중요성도 인정하고 선종과 교종의 공존을 꾀한다. 한순간에 깨달아[頓悟] 바로 부처가 될 수 있다는 선종의 사상을 새롭게 해석하여, 돈오(頓悟) 이후에도 남아 있는 습기(習氣)를 제거하기 위해 지속적인 수행[漸修]이 필요하다고 주장한다. 선(禪)은 부처의 마음이고 교는 부처의 말씀으로써 선종과 교종은 본래 하나인 만큼, 먼저 한순간에 깨달은 다음 이후 점진적으로 수행해 감으로써 둘의 조화를 이루어야 한다는 것이다.

의천	지눌
• 교종을 중심으로 선종과의 조화 • 교관겸수(教觀兼修) 　경전을 읽는 교학 수행과 참선을 하는 지관(止觀) 　수행을 함께해야 함 • 내외겸전(內外兼全) 　내적인 공부[선종]와 외적인 공부[교종]를 같이 온전 　히 해야 함	• 선종을 중심으로 교종과의 조화 • 돈오점수(頓悟漸修) 　단박에 진리를 깨친 뒤에도 나쁜 습기(習氣)를 차차 　소멸시켜 나가는 수행이 필요함 • 정혜쌍수(定慧雙修) 　점수의 구체적인 실천 내용으로, 선정(禪定)과 지혜 　(知慧)를 함께 닦아 나가는 것

승려의 의미와 위계

　승려(僧侶)는 우리말로 스님 또는 중이라 하는데, 이들은 하나같이 화합 대중이라는 뜻을 가진 산스크리트 'saṃgha'에서 유래한 말이다. 모두 불교 교단이 사문들의 공동체에서 비롯되었음을 암시한다. '僧侶(승려)'는 'saṃgha'의 소리를 한자(한글)로 약하여 표기한 僧(승)과 그 의미를 전변한 侶(려)를 조합한 말이고, '스님'은 僧侶(승려)를 우리말 방식으로 존칭한 것이며, '중'은 'saṃgha'의 의미를 한자로 표기한 衆(중)의 소리를 우리말로 표기한 것이다. 승려란 속세를 떠나 머리를 깎고 출가하여 삼의일발(三衣一鉢), 즉 세 가지 옷(겉옷, 중간 옷, 속옷)과 음식 담는 발우 하나 외에는 어떤 것도 소유하지 않는 사람이다. 일체를 재가 신도[26]에게 탁발하며 수행에 힘써야 한다는 것으로, 그 위계를 5중(五衆)으로 구분한다.

---

26 남자를 우바새, 여자를 우바이라 한다.

남자	여자	의미
사미(沙彌)	사미니(沙彌尼)	정식 승려가 아닌 예비 승려 -구오사미(7세-13세) -응법사미(14세-19세) -명자사미(19세 이상 비구계를 받지 않은 승려)
	식차마나 (式叉摩那)	구족계를 받고자 하는 18세 여승으로, 2년 동안 수련을 거쳐 비구니가 될 자격이 있는지를 심사함
비구(比丘)	비구니(比丘尼)	출가하여 불교의 구족계를 받고 수행하는 정식 승려 -비구: 250계를 받음 -비구니: 348계를 받음

CHAPTER 03

금강경 본문

홍복과 청복[법회]인유, 法會因由]

法
會
因
由

제1품 法會因由(법회인유) '법회가 열리게 된 배경'

기수급고독원에서 법회가 열렸다. 기수급고독원은 사위성의 부유한 상인인 급고독이 사위성의 태자인 기타에게 황금을 주고 매입한 동산이다. 급고독은 여기에 기원정사를 지어 석가모니 붓다에게 바쳤다. 석가모니 붓다의 설법은 대부분이 기원정사에서 이루어졌다.

법회가 열리게 된 인연
[說法聚會, 由此起因]

부처님은 사위성 기수급고독원에서 비구 1,250명과 함께 계셨는데, 식사할 때가 되자 가사를 걸치고 직접 발우 공양에 나섰다. 일곱 집을 차례로 돌며 공양을 받고 머무는 곳에 돌아와 식사를 한 후, 가사와 발우를 거두고 발을 씻은 뒤 자리에 앉았다.

발우는 밥그릇이고 공양은 음식이다. 출가한 승려는 입는 옷인 가사와 밥그릇인 발우 외에는 어떤 것도 소유하지 않으므로, 가사와 발우를 통칭하는 의발은 흔히 불법을 상징하는 의미로 쓰인다. 발우를 받쳐 들고 공양을 받는 것이 탁발이다. 출가자와 재가자는 탁발을 통해 홍복과 청복을 함께 나누고 누린다.

복은 삶에서 얻게 되는 만족스러운 상태나 그에 따른 기쁨이다. 불교에서는 복을 홍복과 청복으로 나눈다. 돈과 명예 그리고 지위 같은 물질적이고 세속적인 복은 홍복이다. 수행을 통해 깨달음을 얻거나 큰 공덕을 쌓는 일과 같은 정신적이고 초세속적인 복은 청복이다.

윤리 사상사에서 볼 수 있듯이, 쾌락에 기초한 이기심을 인정하고 사익과 공익의 조화를 모색하는 공리주의는 홍복과 관련이 있다. 대가성 없이 타인을 돕는 선행은 청복과 관련이 있다. 공리의 홍복과 공덕의 청복은 정의로운 사회의 실현을 위해 사람들이 받아들여야 할 두 가지 기본 가치이다. 홍복과 청복을 타인과 함께 나누고 누리는 일은 정의로운 사회를 만들어 가는 토대이다.

그렇다면 홍복과 청복을 함께 나누고 누리는 일이 가능할까? 예수는 부자가 천국에 들어가는 일을 낙타가 바늘구멍을 통과하는 일에 비유하였다. 홍복을 누리기도 쉽지 않지만, 청복을 누리기는 더욱 어렵다는 말이다.

기복신앙의 예에서 볼 수 있듯이, 보통 사람들은 청복은커녕 홍복을 누리기도 어렵다는 것을 안다. 그런데도 많은 사람은 자신은 세속적으로 공리의 홍복을 추구하면서도 타인은 규범적으로 공덕의 청복을 나누기를 바란다. 특히 우리는 사회 지도층이 홍복만이 아니라 청복까지를 추구하는 존재가 되기를 바란다. 그리고 청복을 얻어 누린 사람들을 경탄할 만한 삶을 산 사람으로 칭송한다.

그러나 그렇다고 만약 누군가가 나에게 청복만을 추구하도록 강요한다면 그것을 용납하기는 어려울 것이다. 개인이나 집단이 이기심을 버리라고 요구하거나 집단 전체를 위하여 개인의 희생과 봉사를 강요하는 일도 설득력 있는 주장으로는 여겨지지 않는다. 타인에게는 이타심을 강요하고 자신만은 이기적 삶을 영위하는 사람과 더불어 살아가고 싶은 사람은 없을 것이기 때문이다.

무소유나 살신성인과 같은 정신적 가치를 추구하는 일은 청복을 추구하는 삶과 관련이 있다. 하지만 그러한 청복도 그 가치를 추구하는 사람의 자발성에 기인할 때 경탄할 만한 삶으로서의 가치를 인정받을 수 있다.

부처는 직접 걸식을 하였다고 전해지는데, 당시 인도의 승려들은 하루에 한 번, 오전 9시에서 11시 사이에 탁발을 통해 식사를 해결했다고 한다. 그러나 중국의 고승 중에는 스승이 제자들의 의식주를 해결해 준 이야기도 전한다.

태국은 매일 아침 6시 30분에 승려들이 거리에서 음식과 옷을 공양받는 탁발이 이루어지는데, 인구의 95%가 불교도로 승려에게 절을 하고 보시를 하는 전통이 있다. 국왕도 승려 앞에서 엎드려 절을 하는데, 이를 통해 승려의 지위를 알 수 있다. 국민들은 승려들에게 보시한 이후에야 아침 식사를 한다고 전해진다.

필자는 2017년 여름 라오스, 루앙프라방에서 탁발(싸이밧, 따밧)에 참여한 적이 있다. 라오스의 승려들은 평상시 새벽 4시에 기상하여 5시까지 좌선을 하고 6시에 탁발을 나간다. 취침 전에는 1시간씩 좌선을 하는데, 반가부좌로 1시간씩 하고 5분은 휴식을 취한다. 일반인이 탁발에 참여하기 위해서는 주의해야 할 사항이 있는데, 과도한 사진 촬영 금지와 단정한 차림의 복장이어야 한다. 탁발에 필요한 공양미를 판매하는 상인들도 있지만, 되도록 직접 마련한 음식을 준비하는 것이 좋다고 한다. 라오스 루앙프라방엔 80여 개의 사원이 있는데 승려들 대부분은 그곳에 기거한다. 탁발하는 승려들은 침묵 속에 명상하듯이 일렬로 지나가면서 사람들이 주는 음식을 받는다.

탁발은 불교 국가에서는 매일 행해지는 종교의식이며 스님들의 삶의 방식이다. 마을과 사원은 공생 관계에 있는 것으로, 절대 빈곤에 처해 있는 사람들이 살아갈 수 있는 길이기도 하다. 탁발하는 스님들은 대체로 어린 스님들이 많았는데, 졸음이 채 가시지도 않은 어린 승려들은 무언가 홀린 듯이 행렬을 따라 기계적으로 걷기도 한다. 사람들은 대나무 통에 찰밥을 짓고 지폐와 과자, 과일 등을 준비해서 탁발을 나온 승려들을 경건하게 기다린다.

탁발을 위해 음식을 준비한 사람들과 달리 허름한 옷차림에 빈 통을 놓고 앉아 있는 아이가 있다. 찰밥은 조금씩, 지폐는 필요한 만큼, 과자나 과일 등이 넘치면 승려들은 빈 통을 놓고 앉아 있는 아이의 통에 다시 내려놓는다. 이 아이는 이것을 모아서 집으로 가져가서 가족들과 먹는다고 한다. 탁발 나온 어린 승려들은 찰밥보다는 과자 등에 더 흥미를 보이기도 한다. 탁발은 승려들의 수행법 중 하나로 깨달음을 얻기 위한

• 2017년 1월 라오스 탁발 모습 •

것과 물질적인 욕심에서 벗어나 청정한 마음을 갖기 위한 것이다. 따라서 재가 신자는 공양을 함으로써 복을 받게 되고 승려는 탁발 수행을 통해 마음이 청정해지는 것이다.

탁발 수행을 관람할 때에는 정중하게 거리를 유지한 채 구경하고, 승려들의 진로를 방해하거나 신체적 접촉을 하면 안 되며, 단정한 옷차림을 해야 한다. 탁발 방법을 모르면 참여하지 않는 것이 예의이며, 가능하면 가정에서 직접 만든 것을 공양하라고 한다. 카메라 촬영 시 절대 플래시를 사용하지 말라고 하는데, 이미 탁발이 관광 상품화되어 있어 사진 촬영 시 개의치 않는 모습이 인상적이다.

📖 생각 열기

* 불교에서 승려들은 걸식을 왜 하나요?

생각 더하기

* 물 한 잔에 팔만사천 마리의 벌레가 있다고 합니다. 나도 모르는 사이에 다른 생명체를 해치지는 않았는지 생각해 봅시다.

📋 용어 알아보기

* 비구(比丘) : 걸사(乞士)로 밥을 얻어먹는다는 뜻으로, 위로는 부처에게 법을 구걸하고 아래로는 일체 중생에게 밥을 구걸하는 사람

* 세존(世尊): 부처의 또 다른 이름으로, 세상에서 가장 존경할 만한 사람
* 세간(世間)
  * 기(器)세간: 물질세계로 인류와 생물이 존재하는 세계
  * 국토(國土)세간: 지구상에서 각기 나누어진 국토(한국, 미국, 유럽 등)
  * 유정(有情)세간: 일체의 중생으로서 생명과 지각을 지닌 존재
  * 성현세간: 도를 성취한 성현들로 구성된 또 다른 세간(아미타불의 서방
    극락세계)
* 예토(穢土)와 정토(淨土)
  * 예토: 우리가 사는 현재인 사바세계
  * 정토: 아미타불의 서방 극락세계
* 부처의 식사 계율
  * 새벽은 천인(天人)이 식사하는 시간, 정오는 사람이, 저녁은 귀신이 식사
    하는 시간
  * 부처는 하루에 한 차례, 매일 정오에 한 번만 식사(인도를 취함)
* 발우공양(鉢盂供養) : 발우란 승려들의 그릇을 뜻하는데 국, 밥, 청수, 찬을
  담을 수 있는 그릇으로 구성되어 있으며, 작은 그릇이 큰 그릇 안으로 들어
  간다.

보살과 여래 [선현기청, 善現起請]

善現起請

제2품 善現起請(선현기청) '수보리가 일어나 가르침을 청하다'

석가모니 붓다는 수보리가 어떤 삶을 살고 어떤 마음공부를 해야 가장 높고 바른 깨달음을 얻을 수 있느냐고 묻자, 여래처럼 살고 여래처럼 마음을 다스리라고 답한다. 수보리는 석가모니 붓다의 10대 제자 중 하나이다. '선현'은 그의 한자 이름이다.

수보리가 부처님께 질문하다
[善現長老, 起請佛訓]

수보리가 자리에서 일어나 오른쪽 어깨를 드러내고(편단우견) 오른쪽 무릎을 땅에 꿇고(우슬착지) 합장[27]하며 부처님께 "세존이시여, 가장 높고 바른 깨달음을 얻고자 하는 선한 남자와 선한 여인이 어떻게 살아야 하며 어떻게 그 마음을 다스려야 합니까?"라고 질문하였다. 부처님께서 답하기를 "훌륭하다. 수보리야. 네 말처럼 여래[28]는 모든 보살을 좋게 여겨 보살피고, 모든 보살이 좋게 여겨 의지할 수 있게 한다. 높고 올바른 깨달음을 얻고자 한다면 여래처럼 살아야 하며, 그와 같이 그 마음을 다스려야 한다."라고 하였다.

교육과정 구성 내용은 개정 때마다 달라지지만 일반적으로 도덕과 교육과정이 구현하고자 하는 인간상이 있다. 도덕적 판단, 도덕적 감정, 도덕적 행위, 도덕적 의지 등을 갖춘 인간의 모습이 그것이다.

불교에서는 이러한 인간상을 보살과 여래(부처)로 표현한다.

---

27 스님들이 가사를 걸쳐 입는 방법은 두 가지인데, 양쪽 어깨를 드러내지 않고 감싸도록 가사를 입는 방식을 통견이라 하고, 오른쪽 어깨가 드러나도록 가사를 입는 것을 편단우견이라 한다. 우슬착지란 한쪽 무릎을 땅에 대고 올리는 인사법으로 우리나라 스님들은 장삼 위에 가사를 입고 오른쪽 어깨를 드러낸다.

28 부처의 10가지 이름 가운데 하나이다. 여실히 오는 자, 진여에서 오는 자라는 의미이다.

가장 성숙한 인격체는 여래 또는 부처이다. 보살 또한 본질은 여래 또는 부처와 다름이 없지만, 실질은 여래 또는 부처가 되기 위해 수행하는 사람이라는 점에서 차이가 난다. 오늘날 교사가 자신을 성숙한 인격체라고 자처하는 사람은 많지 않을 것이다. 그래서 우리의 교육 현실은 덜 성숙한 교사가 그보다 더 미성숙한 학생들을 가르치는 것이라고도 할 수 있다.

불교문화에서 구도자 또는 수행자의 대표적 모델은 관세음보살, 문수보살, 보현보살, 지장보살, 미륵보살 등으로 상징화되어 있다. 이들은 각각 도덕적 인격, 도덕적 판단, 도덕적 실천, 도덕적 의지, 도덕적 이상사회 등을 대표한다. 대자대비 또는 줄여서 자비라고 표현되는 수행자의 덕목은 최소 도덕이 아니라 최대 도덕에 속한다.[29] 대승의 보살에 대비되는 소승의 나한은 자신의 수행을 더 중시하는 자리에 머문다. 반면 대승의 보살은 자비를 베풀어 타인을 이롭게 하는 점에서 이타의 수준까지 나아간다.

나한이 최소 도덕의 실천을 목표로 하는 수행자라면, 보살은 최대 도덕의 실천을 목표로 하는 수행자이다.[30] 이들의 수행 과정은 단계적으로

---

29 깨달음을 얻는 것은 좌선을 하거나, 공안을 연구하거나 보살도를 행하거나 외적 성공을 위해서 노력하는 것만으로는 되지 않는다. 깨달음이란 악을 행하지 않고 선을 받들어 행한 후에야 비로소 이룰 수 있다. 악을 행하지 않는 것은 소극적 수행이요 실천이라면, 선을 받들어 행하는 것은 적극적인 수행이요 실천이다.

30 예수는 『마태복음』 7장 12절 '그러므로 무엇이든지 남에게 대접을 받고자 하는 대로 너희도 남을 대접하라'고 하였고, 공자는 『논어』 6편(옹야편), 30장 '기욕립이립인 기욕달이달인(己欲立而立人 己欲達而達人) 자기가 서고 싶으면 다른 사람이 서게 하고, 자기가 영달하고 싶으면 다른 사람이 영달하게 하라.'고 하였다. 예수와 공자 모두 최소 도덕을 넘어 최대 도덕을 주장한다. "내가 다른 사람에게 대접받고 싶다면 먼저 다른 사람을 대접하라"는 것이 최대 도덕에 해당한다면, "내가 하고 싶지 않은 것을 다른 사람에게 시키지 마라"는 것은 최소 도덕에 해당한다. 최소 도덕은 다른 사람에게 피해를 주지 않는 선에서 최소한 이것만은 지키자는 것이고, 최대 도덕은 할 수 있는 것을 최대로 다른 사람을 돕자는 것이다.

이루어질 수도, 동시적으로 이루어질 수도 있다. 이는 표현을 달리하면 개인 윤리와 사회 윤리 차원의 수행을 구분한 것이라고 할 수도 있다. 유학자라면 수기의 측면과 치인의 측면이라고 말할 수도 있을 것이다.

　보살과 여래가 경험하는 최고의 순간을 불교에서는 장엄으로 표현한다. 이것은 도교에서의 황홀 개념과 유사하다.

📖 생각 열기

* '보살'은 누구인가요?

* '선호념'은 무엇인가요?

* 어떻게 해야 마음을 머물러 있게 할 수 있을까요?

생각 더하기

* 부처는 오는 곳도 없고, 가는 곳도 없기에 여래라고 자신을 해석하였습니다. 이 말이 의미하는 바가 무엇이라고 생각하나요?

📑 용어 알아보기

* 출가(出家) : 출가(出家, Pravrajita)란 속세의 생활을 버리고, 승려의 생활로 들어가는 것이다. 브라만교의 전통에서 수행자는 가거기(家居期), 출가기(出家期), 범행기(梵行期), 유행기(遊行期) 등 4기로 나누어 생활한다. 가거기는 부모와 스승의 지도를 받으면서 집에서 공부하는 때, 출가기는 집을 떠나는

시기, 범행기는 수도 생활에 전념하는 시기, 유행
기는 다시 마을로 내려와 수도 생활을 통
해 터득한 것을 많은 사람에게 가
르치는 기간이다. 불교의 출가
는 이러한 전통을 수용한 것
으로, 오늘날까지도 불교 수
행자들의 중요한 생활양
식으로 자리하고 있다.

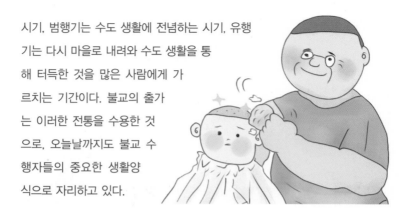

＊ 다비식: 시체를 불태워 유골을 묻기까지, 바꿔 말해 화장에서 입탑까지 거행
되는 불교식 상장례 전체 과정

집착 없는 마음[대승정종, 大乘正宗]

제3품 大乘正宗(대승정종) '가장 큰 수레와 가장 올바른 가르침'

석가모니 붓다는 계속하여 수보리의 질문에 대답하면서, 석가모니 붓다가 헤아릴 수 없이 많은 중생을 열반에 들게 하였으나 완전한 열반을 얻은 중생이 실은 아무도 없다고 밝히고, 그 이유를 설명한다.

큰 수레의 최고의 가르침

[最大之乘, 最正之宗]

수보리에게 부처님이 말씀하길 "모든 보살은 어디에서 태어나든, 어떤 변화가 생기든, 보이든 보이지 않는 것이든 어떤 생각을 하거나 하지 않거나 간에 마음을 다스려야 한다. 내가 모든 중생을 열반에 들게 하여도, 실은 완전한 열반을 얻은 중생이 아무도 없다. 왜냐하면, 사람들은 아상(나에 대한 관념), 인상(너와 나에 대한 관념), 중생상(사회나 인류에 포함된 관념), 수자상(시공에 대한 관념)에 빠질 수 있기 때문이다."

『서유기』라는 소설이 있다. 소설 속에서 당나라 승려가 인도에 가서 부처를 만난다. 부처는 그 승려한테 최고의 불경을 제자에게 주라고 한다. 그러나 불경을 얻은 승려는 출발 전, 그것이 백지 경전임을 확인한다. 이에 승려가 다시 부처를 찾아가 항의하자, 부처가 제자에게 이유를 묻는다. 제자는 최고의 경전을 주었다고 한다. 부처는 최고의 백지 경전 대신 한 단계 아래인 문자 경전을 주라고 다시 말한다.

부처가 주라고 한 최고의 경전이 백지 경전이라는 것은 어떤 의미를 담고 있을까? 글자나 말에 집착하면 오히려 깨달음에 걸림돌이 된다는 뜻이다. 마음이 집착하는 데에 머물고 말기 때문이다. 물론 억지로 집착하지 않으려는 마음도 또 다른 집착이다. 신체에 집착하면 신체의 노예가 된다. 돈에 집착하면 돈의 노예가 된다. 명예에 집착하면 명예의 노예가 된다. 이성에 집착하면 이성의 노예가 된다. 학점에 집착하면 학점의 노예가 된다.

집착 없는 마음을 무소유의 정신으로 표현하기도 한다. 물질적 쾌락에 대비되는 정신적 쾌락으로 표현한 사람도 있고, 맑고 깨끗한 마음이나 흔들림이 없는 마음이라고 말한 사람도 있다. 집착이 없는 마음은 달리 말하면 선입견이나 편견이 없는 마음이다. 자신이 보고 듣고 느낀 것을 맹신하거나 절대화하지 않는 마음이다. 수많은 사람이 같은 조건과 상황에서도 서로 다르게 보고 듣고 느낄 수 있음을 인정하는 것이다.

📖 생각 열기

* 공덕과 복덕은 무엇인가요?

* 석가모니의 이름은 왜 여러 개인가요?

* 석가의 제자 중 가장 뛰어난 제자는 누구인가요?

＊ 쾌락과 고통, 어디에도 머물지 않는 방법을 찾아보세요.

＊ 사상(四相): 상(相)이란 현상으로서 심리적인 측면에서 관념이라 한다.
- 아상(我相): 나에 대한 관념으로, 자신이 최고라는 생각(예: 타인의 입장이
나 형편을 고려하지 않는 미성숙한 자기중심적 사고)
- 인상(人相): 너와 나에 대한 관념으로, 나는 나, 너는 너라는 분리 인식과
차별의식으로 나아가 자기가 속한 집단이 우수하다는 생각(예: 남성이 여
성보다 우월하다는 남성 중심주의)
- 중생상(衆生相): 중생에 대한 잘못된 견해(예: 인간이 다른 존재자보다 우
월하다는 인간 중심주의)
- 수자상(壽者相): 목숨과 관련된 잘못된 사고(예: '죽으면 모든 것이 끝이
다.'라는 무책임함과 같이 목숨에 관한 잘못된 생각)

＊ 보시(報施): 베푸는 자[施者], 받는 자[受者], 베푸는 일[施事]의 세 부분을
가리킨다.
- 재보시[財施]: 외형적이며 물질적인 것으로 돈이나 재물로서 보시하는 것
[외보시]
- 법보시[法施]: 정신적인 것으로 지식을 전수하거나 지혜를 계발시키는 것
[내보시]
- 무외보시[無畏施]: 고통이나 어려움으로부터 구해 내는 보시

＊ 일체 중생: 생명이 있는 모든 것으로 난생(새, 닭, 거위 등), 태생(사람, 말

등), 습생(물고기, 모기, 파리 등), 화생(매미, 잠자리, 나비 등), 유색(형상이 있으며 물질적인 것, 눈으로 볼 수 있음), 무색(알 수도 없고 볼 수도 없지만 상상 속에 존재하는 일종의 생명으로 귀신 같은 것), 유상(생각과 감각을 지닌 존재), 무상(생각도 없고 감각도 없는 존재), 비유상(또 다른 중생으로서 신의 경계에 있는 것), 비무상(생각이 없는 것은 아니지만 보기에는 없는 것) 등으로 다양하게 구분함.

집착 없는 보시(묘행무주, 妙行無住)

妙
行
無
住

제4품 妙行無住(묘행무주) '참된 행위는 얽매임이 없다'
석가모니 붓다는 수보리에게 보시는 대상이나 관념 어떤 것도 집착하지 않아야 그 복덕이 헤아릴 수 없이 크다고 설명하고, 집착 없이 보시하라고 가르친다.

대가를 바라지 않는 베풂
[奧妙之行, 本無住著]

부처가 수보리에게 말씀하시길, "보살은 어떤 대상에도 집착 없이 보시하되 어떤 대상에 대한 관념에도 집착해서는 안 된다. 동쪽의 허공이 얼마나 되는지, 남쪽과 서쪽 그리고 북쪽과 그 사방의 사이와 위쪽과 아래쪽의 허공이 얼마나 되는지 헤아릴 수 있겠느냐?" 수보리가 "헤아릴 수 없습니다. 세존이시여."라고 답했다. "수보리여, 보시할 때는 대상에 대한 관념에 집착하지 않는다면 그 복덕은 헤아릴 수 없으므로 보살들은 마땅히 가르침을 따라야 할 것이다."

보시는 베푸는 자, 받는 자, 베푸는 것 또는 재물이라는 3요소로 구성된다. 이것은 교육의 3요소와 유사하다. 교육의 3요소는 교육자, 피교

육자, 교육 내용이다.

흔히 보시는 베푸는 것이나 재물 등에 따라 3종류로 나뉜다. 재물을 보시하는 것, 지식이나 지혜를 전수하는 것, 고통이나 재난을 구제하는 것 등이다. 보시의 복덕은 보시의 내용이 문제가 되기도 하고, 대가성 여부에 따라 달라지기도 한다.

우선 베푸는 자에게 대가성이 있는 보시는 가치가 없거나 덜하다. 대가를 바라는 보시는 '보시 같지 않은 보시'일 것이다. 베푸는 자에게 아무것도 바라지 않는 대가성이 없는 보시가 진정 가치 있는 보시이다. 순수한 마음으로 행한 보시야말로 가치가 있다.

재물을 베푸는 것과 지혜를 베푸는 것 중 어느 것이 더 가치가 있을까? 유한한 재화를 베푸는 것과 무한한 지혜를 나누어 주는 것 간의 우

선순위 문제이다. 물질적 가치와 정신적 가치 간의 우선순위를 묻는 것과 같다. 어떤 사람은 재화가 가는 곳에 마음도 간다고 주장한다. 하지만 어떤 사람은 부자는 돈으로 일하고 가난한 사람은 몸으로 일한다고 말한다. 여기서 돈과 노동은 교환가치를 지닌다.

사회 한편에서는 지혜를 보시한다는 명분으로 베푸는 자가 또 다른 재물을 착취하는 일이 벌어지고 있다. 고통과 재난 구제를 명분으로 사리사욕을 취하는 일도 벌어지고 있다. 반대로 받는 자가 베푸는 자를 의도적으로 착취하거나 그 반대의 경우와 관련하여 기생충이라는 말이 유행하기도 한다.

📖 생각 열기

* 대승과 소승은 무엇이며, 어떤 차이가 있나요?

* 홍복과 청복은 어떤 복인가요?

* 보시는 무엇이며 어디까지 베풀어야 하나요?

🧑‍🏫 생각 더하기

* "머무름이 없는 수행"이란 무엇인가요?

* 색(色): 지, 수, 화, 풍으로 우리의 신체이기도 함
  * 유표색(有表色): 빨강, 파랑 등 세상의 온갖 색깔과 길거나 짧고 크거나 작아 바깥으로 드러날 수 있는 모든 것
  * 무표색(無表色): 추상적인 것으로 바깥으로 드러나지 않는 것
  * 극미색(極微色): 원자 또는 원자핵과 같은 것으로 너무 작아서 눈으로 볼 수 없는 것
  * 극형색(極逈色): 아주 먼 것, 은하계 저편의 것과 전 우주 속에 있는 모든 것

* 인천복덕(人天福德): 인간세와 천상계의 복덕

* 대복보(大福報): 불법을 널리 전하여 얻은 복으로, 최대 최고의 복덕은 도를 깨닫고 도를 이루는 지혜의 성취

* 공덕(功德)과 복덕(福德)
  * 공덕: 선한 일을 하여 공을 쌓고 덕을 누적시키는 것
  * 복덕: 선행에 대한 과보(果報)로 받는 복과 덕

법신·화신·보신 [여리실견, 如理實見]

如
理
實
見

제5품 **如理實見(여리견실)** '이치를 알면 참모습을 볼 수 있다'

석가모니 붓다는 수보리와의 대화를 통해 겉으로 보이는 모습만으로는 여래를 볼 수 없고, 스스로가 여래의 법신을 볼 수 있어야 비로소 여래의 겉모습이 아닌 참모습을 보게 된다고 가르친다.

신체적 특징으로 여래를 볼 수 있는가?
[自如之理, 乃見眞實]

"수보리야! 신체적 특징을 가지고 여래를 파악할 수 있는가?"라고 부처가 묻자, 수보리가 답하기를 "세존이여, 신체적 특징을 가지고 여래라고 볼 수 없습니다. 왜냐하면, 여래께서 말씀하신 신체적 특징은 사실 신체적 특징이 아니기 때문입니다." 부처님께서는 "모든 존재의 형체는 허망한 것이니 모든 모습이 모습이 아님을 본다면 여래를 보게 될 것이다."

　　불상을 보면 부처를 알 수 있는가? 대답은 '아니다.'이다. 우리가 겉으로 보고 느끼는 색신, 바꿔 말해 몸의 모습은 부처의 참된 면모가 아니다. 겉모습으로 참모습을 볼 수 없다. 불교문화에서는 법신, 보신, 화신

을 구별한다. 법신은 생명의 본체인 생명 시스템이다. 보신은 현상으로서 구조이다. 화신은 작용으로서 기능이다. 이 세 측면은 통일된 전체로 보아야 한다.

겉모습은 형식이요 참모습은 내용이다. '안 볼 겉'이요 '겉 볼 안'이다. 겉모습은 표층 구조이고 참모습은 심층 구조이다. 생명 체계는 표층과 심층의 구조와 기능을 전체 시스템 속에서 파악해야 한다. 그것도 머무는 바가 없이 동태적으로 파악해야 한다. 수행을 통해 진리의 일부를 깨달았다고 해도 잠시 태만하면 본모습을 놓치고 만다. 물론 그러한 경험이 전혀 무의미해지는 것은 아니다.

우리는 일상생활 속에서 끊임없이 사실 확인을 한다고 하지만, 그것이 참모습이거나 진리의 전부가 아니다. 세상은 끊임없이 변하고 있기 때문이다. 정진하기를 한순간이라도 그쳐서는 안 된다. 진리 앞에 겸손해야 한다. 지혜로운 사람은 짐짓 어리석은 사람같이 보인다고 노자는 말한다. 급변하는 세상에서 진리의 참모습을 파악하려면 늘 모자란 듯 노력하지 않을 수 없기 때문이다.

📖 생각 열기

* 『중용』에서는 "도(道)란 잠시도 떨어질 수 없는 것으로, 떨어질 수 있는 것은 도가 아니다."라고 말하고, 『반야심경』에서는 "나지도 않고 사라지지도 않으며, 더럽지도 깨끗하지도 않으며, 늘지도 줄지도 않는다."라고 했는데, 무슨 의미일까요?

* "인생의 가장 평범한 곳에 도달할 수 있을 때 비로소 불법을 안다." 이 문장
  이 의미하는 바가 무엇인지 자신의 생각을 말해 보세요.

📋 용어 알아보기

* 법신, 화신, 보신
  * 법신(法身) : 진신(眞身)의 부처라는 뜻으로, 보편적인 진리[法]로 존재하
    는 '영원의 몸[身]'이다. 비로자나불로 대표된다.
  * 화신(化身) : 변신(變身)한 부처라는 뜻으로, 부처가 중생을 구제하기 위
    해 여러 가지 모습으로 변하여[化] 나타난 몸[身]이다. 응신(應身)이라고
    도 하는데, 석가모니불로 대표된다.
  * 보신(報身) : 수행의 결과로 이룬 부처라는 뜻으로, 오랜 수행의 과정을
    겪어 무궁무진한 공덕을 얻은[報] 몸[身]이다. 서방정토의 아미타불과 미
    래불인 미륵불로 대표된다.

* 깨달음의 경지
  * 선종: '대철대오(大徹大悟)'라고 함
  * 금강경: '아뇩다라삼먁삼보리(무상정등정각, 無上正等正覺)'라 함

* 깨달음의 의미
  * 금강경: "모든 상은 허망하다."
  * 중용: "도란 잠시도 떨어질 수 없는 것으로, 떨어질 수 있는 것은 도가 아
    니다."
  * 반야심경: "나지도 않고 사라지지도 않으며, 더럽지도 깨끗하지도 않으며,
    늘지도 줄지도 않는다."

올바른 믿음과 참된 마음(정신희유, 正信希有)

참다운 믿음을 가지려면?
[生正信心, 最爲希有]

수보리가 "세존이시여! 이러한 말씀과 글귀를 듣고 진실한 믿음이 생기는 중생이 있겠습니까?" 묻자, 부처님께서는 "그리 말하지 말라. 여래가 열반에 든 뒤 오백 세가 지나도 계를 지니고 복을 닦는 이는 이러한 말에 신심을 낼 수 있고 이것을 진실한 말로 여길 것이다. 수보리여, 여래는 중생이 헤아릴 수 없는 복덕 얻음을 다 알고 다 본다. 모든 중생은 법에 집착해도 안 되고 법 아닌 것에 집착해서도 안 된다. 이 때문에 여래가 늘 '너희 비구들은 늘 내 설법을 뗏목과 같이 여기거라.'라고 하는 것이다."

강을 건넌 후에도 뗏목을 머리에 이고 길을 간다면 어리석다. 당연히 버리고 갈 일이다. 물론 나중에 다른 강을 만나면 또 다른 뗏목을 만들

어야 할지도 모른다.

 "모든 상이 상이 아닌 것을 안다면 여래를 볼 수 있다." 여기서 상이란 겉으로 드러난 모습이다. 그것은 부처의 말일 수도 있고 경전의 말씀일 수도 있다. 깨달은 다음에는 사용했던 방편인 방법들에 집착하지 말라는 말이다.

 세속적으로 우리는 자격에 집착한 나머지 자격증을 소중히 간직한다. 그런데 자격증이 능력에 비례하는 것은 아니다. 그래서 능력을 보여 주려고 노력한다. 능력은 실적으로 나타나고, 실적이 쌓여 업적이 된다. 자격, 능력, 실적, 업적은 이력과 경력이 된다. 과거의 기록들이다. 세상은 늘 변하는데 과거의 기록들이 어떤 의미가 있을까? 미래는 항상 새롭게 다가온다. 과거라는 뗏목은 버려야 한다.

 경전은 성인의 말과 행동을 전해 준다. 하지만 깨달음을 위한 수행은 내가 해야지 누군가가 대신해 줄 수 없다. 경전의 내용이 도움을 줄지 모르나 핵심은 나의 수행이다. 경전이나 설법은 수단인 방편이다. 강을 건넌 뒤 버려야 하듯이 나의 길은 내가 찾아가야 한다. 원래 지혜는 말로 설명하기에는 부족함이 있기 마련이다. 현실과 이상은 다르기 때문이다. 경험과 식견은 나 자신의 수행을 통해서 스스로 증득해야 한다. 맑고 깨끗한 마음, 편견과 선입견이 없는 마음으로 늘 새롭게 찾아가야 할 대상이다. 주어진 실체가 있는 대상이 아니다.

 증득이란 수행을 통한 깨달음이다. 수행은 모든 상이 상이 아니라는 것을 알아 가는 과정이다. 겉으로 드러난 모습에 집착하지 않는 수행을 거쳐 깨달음을 얻는 것이 증득이다.

현대인은 모든 상이 상이 아니라는 것을 알아 가는 과정을 틀 깨기, 판 깨기, 벽 깨기, 패러다임 바꾸기와 같은 말로 표현한다. 주어진 구조가 아니라 새로운 구조를 만들어 가는 구성주의가 유행이다. 사람들은 관념의 틀에 사로잡힐 필요가 없다고 말한다. 편안함도 불편함도 상대적일 뿐이라고 한다. 안정이 좋고 불안정이 나쁘다는 생각도 편견이라고 말한다.

알려지지 않았던 새로운 변수가 나타나면, 변수는 변수가 아니고 상수는 상수가 아닌 상태로 변화한다고 한다. 사람들은 혼돈 속의 질서, 다양성 속의 통일, 변화 속의 안정 등을 내세운다. 진흙탕 옆을 지나는 사람은 깨끗한 옷에 흙탕물이 한두 방울 튀면 탁탁 털고 지나간다. 그러다가 흙탕물을 뒤집어쓰면 진흙탕 속을 철벅거리며 걸어가게 된다.

현대 사회의 계율은 법과 제도, 도덕과 관습이다. 바른 마음과 행동을 하며 살아가려 하다가도 현실적인 어려움에 부닥칠 때 대개는 진흙탕 속을 철벅거리며 살아가는 모습이다. 그런데도 맑고 깨끗한 몸과 마음을 유지하려 애쓰는 사람이 있다면, 바로 그런 사람이 경탄할 만한 삶을 살아가는 오늘날의 부처요 여래이다.

📖 생각 열기

* 부처는 진정한 불법을 배우기 위해서는 상에 집착해서는 안 되며, 상에 집착하지 않아도 안 된다고 했는데 무슨 의미인가요?

* 금강경에서 주장하는 참다운 믿음을 갖는 데 필요한 것은 무엇이라고 생각하나요?

* 부처는 '비공비유(非空非有)' 또한 옳지 않다, '즉공즉유(卽空卽有)' 또한 불법이 아니라고 했는데, 이 말이 의미하는 바가 무엇이라고 생각하나요?

용어 알아보기

* 부처가 말하길, "내가 세상을 떠난 뒤 오백 년 후에는 진정으로 지계(持戒)하고 수복(修福)하며 많은 선을 행하고 공덕을 쌓는 사람이 있어서 그의 지혜가 열리면 이 말을 믿을 수 있을 것이니라."

* 부처의 시대 구분
  • 정법시대(正法時代): 부처가 세상에 있던 시기
  • 상법시대(像法時代): 부처가 세상을 떠난 이후 불상과 불경이 있는 시기
  • 말법시대(末法時代): 불경이 모두 없어지고 단지 미신만이 있는 시기

* 있음[有]과 없음[無]
  • 비공비유(非空非有): 공도 아니고 유도 아니다.
  • 즉공즉유(卽空卽有): 공은 공이고 유는 유다.

간화 · 공안 · 화두 [무득무설, 無得無說]

얻을 것은 무엇이고 말할 것은 무엇인가?

[空則無得, 寂則無說]

"수보리야! 여래가 높고 바른 깨달음을 얻었다고 생각하는가? 여래가 법을 설한 적이 있는가?"라고 부처가 묻자, "제가 부처님께서 말씀하신 뜻을 이해 하기로는 최고의 깨달음이라 할 만한 정해진 법이 없고, 또한 여래께서 말씀 한 단정적인 법도 없습니다. 왜냐하면, 여래께서 설법하신 것은 모두 얻을 수 도 없고 말할 수도 없으며, 법도 아니고 법 아닌 것도 아니기 때문입니다."

수행자들은 염불, 참선을 비롯하여 주문, 예배 등 다양한 방식으로 수행한다. 어느 한 가지 수행법만이 올바른 길은 아니다. 더구나 깨달음에는 개인차도 있다. 다양한 수행자가 다양한 방식으로 수행한다. 예를 들어 깨달음의 수준을 10단계로 나눈다면 수행자마다 다양한 수준에 도달한다고 보아야 할 것이다. 최고 단계인 10단계에 도달한 인물은 관음, 문수, 보현, 지장 등이었을 것이다.

교육 방법은 크게 주입식과 탐구식으로 나뉜다. 독경이나 설법은 교육자 중심의 주입식 방법이다. 염불이나 참선은 학습자 중심의 탐구식 방법이다. 주입식이든 탐구식이든 장단점이 있다. 몸과 마음의 수행에는 두 가지 방식이 복합적으로 사용된다. 시청각 기법이나 유튜브 등의 활용은 주입식 기법에 가깝다.

간화, 공안, 화두 같은 불교적 수행의 핵심 개념은 문제를 발견하고 스스로 해법을 구하는 탐구식 방법이다. 풀기 어려운 문제를 찾아내어 해결한다면 더욱 크게 깨닫게 된다. 어떤 의미에서 수행자 공동체는 탐구 공동체이다. 탐구 주제는 당면한 현실 사회 문제이다. 존재의 의미와 같은 추상적인 문제만 다루는 것이 아니다.

임진왜란 때 승병들의 화두는 지극히 현실적인 것이었다. 살생유택과 같은 추상적 수준의 화두가 아니라 살신성인이 화두였다. "내가 지옥에 가지 않으면 누가 지옥에 가리!"

* 부처의 설법은 자질에 따라 가르침을 행하기도 하는데, 어떤 교육 방법이
  가장 효과적일까요?

* 금강경에서 얻을 것이 무엇이며, 자신에게 말할 수 있는 것이 무엇일까요?

* 십지 보살
  * 환희지(歡喜地), 이구지(離垢地), 발광지(發光地), 염혜지(焰慧地), 난승
    지(難勝地), 현전지(現前地), 원행지(遠行地), 부동지(不動地), 선혜지(善
    慧地), 법운지(法雲地)
  * 법운지에 도달한 십지 보살을 특별히 보살마하살이라고 하는데, 보살마
    하살은 보살로서의 모든 수행을 완성한 단계로 보살진지(菩薩盡地)라
    고도 하며, 대자비심을 지니고 있고 대지혜를 갖추고 있다. 십지 보살의
    맨 위는 부처이다.

* 큰 보살은 재가 인(人)의 모습으로 나타난다. : 대자대비의 관음(觀音)보살,
  큰 지혜의 문수(文殊)보살, 큰 실천의 보현(普現)보살, 큰 발원의 지장(地
  藏)보살

  '영산회상도'는 인도의 영취산에서 『법화경』을 설하는 석가모니불과 설법
  을 듣기 위해 모인 보살과 제자 그리고 불교를 수호하는 호법신 등을 그린

• 파주 보광사 영산회상도(坡州 普光寺 靈山會上圖), 경기도 유형문화재 제319호 •

불화이다. 화면 가운데 항마촉지인[31]을 취한 석가모니불은 원형의 두광과 부처의 몸에서 나오는 빛인 신광에 싸여 있다. 아래 연꽃을 든 문수보살과 여의[32]를 든 보현보살, 그 옆으로 관음보살과 세지보살, 그 위로는 지장보살과 미륵보살이 시립하여 있다. 그 아래에는 범천과 제석천, 사천왕이 일렬로 묘사되어 있고, 석가모니불의 머리 주변에는 열 명의 제자와 불교의 여러 신들이 둘러싸고 있다.

＊ 간화, 공안, 화두 : 경전을 공부하는 것을 '간경(看經)'이라 하듯이 간화는 '화두를 참구한다.'는 뜻이다. 간화선에서 화두와 공안은 엄격하게 구분되는데, '공안'은 단순하게 판례집에 기록된 선대의 선문답이라면 '화두(話頭)'는 특정한 공안이 학인의 내면에 투철한 문제의식으로 응집된 것을 말한다.[33]

---

31 부처가 악마를 항복시키는 인상(印相)으로, 왼손은 펴서 손바닥이 위로 향하게 무릎에 올려놓고 오른손은 펴서 땅을 가리키는 모습이다.

32 여는 부처나 보살 등이 설법할 때 손에 지니는 도구를 말한다.

33 수불, 『간화심결: 간화선 수행, 어떻게 할 것인가』(2019, 김영사), p.59.

법보시와 금강경(의법출생, 依法出生)

依法出生

제8품 依法出生(의법출생) '참된 복덕은 법으로부터 나온다'

석가모니 붓다는 엄청나게 많은 재물을 보시하면 그 사람이 얻을 복덕이 많지 않겠느
냐는 물음에 수보리가 그렇다고 답하자, 엄청난 재물을 보시하여 얻은 복덕보다 불법
을 보시하여 얻은 복덕이 더 크다고 설한다. 재물로 지은 복덕은 참된 복덕이 아니기
때문이다.

일체의 부처와 금강경
[諸佛之法, 依此生出]

"수보리여! 만일 어떤 사람이 삼천대천세계를 가득 채울 수 있는 칠보[34]를 써 보시하면 그 사람이 얻을 복덕이 많지 않겠는가?" 수보리가 답하길, "아주 많습니다. 세존이여. 왜냐하면, 이 복덕이란 곧 복덕의 성질을 갖지 않기 때문에 여래께서 복덕이 많다고 하셨습니다." "만일 또 어떤 사람이 이 경전을 따르거나 다른 사람을 위해 사구게[35]를 전한다면 그 복덕이 앞의 복덕보다 클 것이다. 왜냐하면, 일체의 부처와 모든 부처의 높은 깨달음의 법이 이 경전으로부터 나왔기 때문이다. 수보리여! 이른바 부처의 가르침이라는 것은 부처의 가르침이 아니다."

---

34 칠보란 일곱 가지 귀한 보석으로 금, 은, 진주, 유리, 호박, 마노, 거거를 말한다.

35 사구게는 4글자로 된 인도시의 형식을 말한다.

"불법이라 말하는 것은 불법이 아니다." "부처의 가르침이라 말하는 것은 부처의 가르침이 아니다." 상식적인 사람들은 이러한 주장을 받아들이기 어려울 것이다. "A는 A가 아니다."라는 말은 형식논리학에서 말하는 동일률과 배치된다. 다시 말해 모순이다. 일관성이 없는 발언이다.

서구에서 모순 개념을 역사 해석에 도입한 사람은 헤겔이다. 헤겔은 흔히 정-반-합으로 알려진 역사 발전 과정을 모순 개념으로 설명한다. 그 이전까지 모순 개념은 역사 해석이나 삶의 의미 해석에서 수용하기 어려운 것이었다. 그러나 오늘날 전쟁, 혁명, 질병과 같이 순리로만 이해 불가능한 일들의 설명에서 모순 개념은 중시된다.

모순 개념은 알려지지 않은 변수를 찾기 위한 동기를 부여한다. 창의적 사고는 기존 이론이나 현상에서 모순을 발견하는 데서 출발한다. '모순이 모순이 아님'을 찾는 것이 창의적 사고 기능으로 보인다.

세상에 부처님의 가르침이라고 알려져 있는 것은 방대하다. 그것들이 모두 진실된 이야기인지는 검증이 필요하다. 또한 검증되었다고 할지라도 반대 가설의 도전을 통해 계속 재검증을 받아야 한다. 불교문화에서 경과 논과 소는 수많은 수행자들이 오랜 기간에 걸쳐 대화와 토론을 이어 온 결과물이다. 비록 정론으로 알려져 있을지라도 끊임없는 도전을 받아 왔고 지금도 받고 있다.

📖 생각 열기

* 부처는 지혜와 교화, 교육의 중요성을 강조하고 있습니다. 삼계(三界)의 정욕과 번뇌, 망상으로부터 해탈하려면 어떻게 해야 할까요?

* 진정으로 큰 성취를 얻고자 할 때, 꼭 갖추어야 할 것은 무엇이라고 생각하나요?

* 복보(福報)는 본래 자성(自性)이 없다. 복(福)은 업의 인과에 따른 결과[報]로서, 어떤 정해진 본성도 없다는 것이다. 자성이 없다는 것은 고정불변한 본질이 존재하지 않는다는 것이다.

* 삼세불(三世佛)
  • 연등불: 정광불(錠光佛)이라고도 하며 석가가 보살 수행 중일 때 후일 부처가 될 것이라는 수기를 준 부처이다.
  • 석가모니불은 현세불로 중생 구제를 위해 현세에 나타난 부처이다.
  • 미륵불은 미래에 나타날 미래불로 현재는 보살로 있으면서 도솔천에서 설법하고 있다.

* 일체의 성불한 사람
  • 대철대오한 사람
  • 석가모니처럼 도를 깨친 사람. 도란 아뇩다라삼먁삼보리로서 최후의 대철대오를 말함.

* 삼독
  • 욕심·성냄·어리석음으로 이러한 마음은 지혜를 어둡게 하고 악의 근원이 됨.

깨달음의 증득 (일상무상, 一相無相)

지금 이 하나의 모습도 본래 형태가 없는 것
[只此一相, 本來無形]

부처가 말하길, "수보리여 '내가 수다원이 과업을 이루었다' 하고 생각할 수 있겠는가?" "그렇지 않습니다. 수다원이란 곳은 깨달은 자의 흐름에 들어갔으나 실은 어딘가에 들어간 것이 아니라 보이는 것, 형체, 소리, 맛, 냄새, 감촉, 법에 들어가지 않는 것을 수다원이라고 합니다." "수보리여, 사다함이 '내가 사다함이 스스로 깨달음을 얻었다'고 생각하는가?" "그렇지 않습니다. 사다함이라는 것은 가고 옴이 한 번 남았다는 뜻이나 실은 가고 옴이 없는 것입니다." "수보리여, 아나함이 '내가 아나함이 스스로 깨달음을 얻었다'고 생각하는가?" "그렇지 않습니다. 아나함이라는 것은 돌아오지 않는다는 뜻이나 실은 돌아오지 않음이 없는 것입니다." "수보리여, 아라한이 스스로 도를 얻었다'고 생각하는가?" "그렇지 않습니다. 실제 아라한이라 할 만한 법이 없기 때문입니다. 만일 '아라한의 경지를 얻었다'고 생각한다면 곧 아상, 인상, 중생상, 수자상에 집착한 것입니다. 부처님께서는 제가 아무런 번뇌 없는 고요한 경지를 얻은 사람 가운데 제일이고, 욕망을 이긴 제일가는 아라한이라고 하셨지만, 저는 욕망을 이긴 아라한이라고 생각하지 않습니다. 제가 만약 '아라한의 경지를 얻었다'고 생각한다면 세존께서는 '수보리는 적정행을 즐긴다고 말한다.'라고 말씀하지 않았을 것입니다."

아라한은 원래 깨달음을 얻은 부처를 가리키는 명칭인데, 대승불교 전통에서는 부파불교 성문[36]의 네 단계 중 최고 경지를 일컫는 개념으로 쓰인다. 아라한보다 낮은 성문의 경지는 아나함, 사다함, 수다원 순이다.

수다원은 번뇌가 생기지 않아 생성·소멸의 흐름에서 벗어난 경지라는 의미에서 '역류'라 한다. 사다함은 욕망을 모두 버리고 번뇌를 끊어 천상에서 인간으로 온 뒤 다시 천상에 나서 완전한 해탈을 이루는 경지라는 의미에서 '일왕래'라 한다. 아나함은 욕망을 벗어나 다시는 욕망의 세계로 윤회하지 않는 경지라는 의미에서 '불환'이라 한다. 아라한은 더는 배우고 닦을 것이 없는 경지라는 의미에서 '무학'이라 한다.

아라한을 줄여 나한으로 표현한다. 그런데 나한은 부처의 경지에 올

---

36 석가모니 부처의 음성(설법)을 들은 사람이라는 뜻으로 석가모니 부처의 제자를 가리키는 말이다. 의미가 확장되어 석가모니 부처의 가르침을 듣고 상구보리, 즉 깨달음을 얻기 위해 출가한 수행자를 가리키는 말로 쓰인다.

랐다고 하는 16나한, 석가모니 말씀을 편찬하기 위해 모였다는 500나한 등과 같이 석가모니의 제자를 비롯하여 여러 불제자를 모두 나한으로 지칭하기도 한다.

나한은 또 대승불교의 전통에서는 신앙의 대상이 되어 불법을 수호하며 사람들의 소원을 들어주는 존재로 숭배되기도 한다. 현재 우리나라의 사찰에는 나한전이 있어 16나한이나 500나한 등의 나한상을 모시고 있다.

신라 진흥왕 때 16세에 가야와의 전쟁에서 대승을 거두었다는 사다함은 성문의 네 단계 중 아래에서 두 번째 단계를 지칭하는 명칭을 이름으로 지은 것이다.

대승불교는 아라한이 상구보리의 깨달음만을 추구하는 점에서 소승의 경지에 머무른다고 비판하고, 상구보리의 깨달음과 함께 하화중생의 자비를 실천하는 보살을 이룬 경지가 대승으로서 참된 깨달음에 이른 것이라고 주장한다.

깨달음을 얻기 위해서는 견혹과 사혹, 즉 견사혹을 끊어 없애야 한다. 견혹에는 신견, 변견, 견취견, 사견, 계금취견이 있고, 사혹에는 탐(貪), 진(瞋), 치(癡), 만(慢), 의(疑)가 있다.

깨달음을 실증하고 확증하기 위한 증득은 불교의 오랜 화두였다. 올바른 지혜로써 확실히 깨달았는지를 어떻게 확인할 수 있는가? 금강경 제9품은 이 문제를 다루고 있다. 우선 본인 스스로 깨달았다고 말하거나 생각하고 있는 자는 진정으로 깨달은 자가 아니라고 석가는 거듭 말한다.

오늘날에도 훌륭한 인격자를 어떻게 가려낼 수 있는가 하는 문제는 여전히 과제로 남아 있다. 매년 도덕 교사를 선발하기 위한 시험이 치러진다. 일차 시험은 지필 평가이고 이차 시험은 수업 실기와 면접이다. 누구를 최종 선발해야 할 것인가? 관련자들 모두는 이 과정이 완전하지 않다는 것을 알고 있으며, 다만 차선책으로 받아들이고 있을 뿐이다.

선종과 교종으로 알려진 논쟁 그리고 돈오와 점수 간의 오랜 논쟁도 이와 관련이 있다. 자신의 깨달음이 부족함에도 중생의 제도에 나선 사람은 주화입마에 빠진다는 것이다. 또는 악취공하여 죄업을 쌓게 될 뿐이라는 것이다.

하지만 주화입마니 악취공이니 하는 문제도 간단하지는 않다. 필요악도 있으며, 최소 도덕과 최대 도덕 간의 충돌, 보편적 도덕 법칙의 적용 과정에서의 문제, 위선과 위악 판정의 모호성 등 한두 가지 난제가 쌓여 있는 게 아니다. 아마도 우리가 할 수 있는 최선은, 이러한 것들이 난제임을 알고 사안별로 제시된 해결책들을 검토하되 각각의 한계를 분명히 해 두는 일일 것이다.

📖 생각 열기

* 견혹이 무엇이며 사혹은 무엇인가요?

* 불학에서 대승과 소승으로 나누는데, 그렇게 나누는 이유는 무엇인가요?

* "탐진치만의(貪瞋癡慢疑)의 극복 방법"을 찾아봅시다.

* 깨달음에 이르는 과정[乘]
  · 삼승: 성문승, 연각승, 보살승. 승(乘)은 수레라는 의미로 깨달음의 과정이
    나 방법을 지칭함.
  · 성문: 소승을 말함. 부처의 직제자들과 이후 상구보리를 구하는 수도자를
    지칭함.
  · 독각(연각): 성문과 보살의 중간으로 중승(中乘)이라고도 함. 홀로 깨달음
    을 이룬 사람을 지칭함.
  · 보살: 대승을 말함. 상구보리의 깨달음과 함께 하화중생의 자비를 실천하
    는 사람을 지칭함.

* 나한
  · 초과나한: 수다원 – 7번 인간 세계로 윤회함, 수다원에 이른 사람은 죽어
    서 하늘로 올라감
  · 이과나한: 사다함 – 1번 다시 세상에 윤회하여 모든 채무 청산함
  · 삼과나한: 아나함 – 인간 세상에 다시 오지 않고 천상으로부터 사과를 증
    득하여 열반에 이름
  · 사과나한: 아라한 – 태어나지 않고 영원히 번뇌가 없고, 마의 장애가 없
    고, 마음속의 적이 없음

* 견사혹: 견해와 학문, 관념과 관련된 문제
  - 견혹: 신견(身見), 변견(邊見), 견취견(見取見), 사견(邪見) 계금취견(戒禁取見)

* 사혹
  - 탐(貪): 욕심
  - 진(瞋): 노여움
  - 치(癡): 어리석음
  - 만(慢): 거만함
  - 의(疑): 의심

장엄한 정토와 청정한 마음 [장엄정토, 莊嚴淨土]

제10품 莊嚴淨土(장엄정토) '장엄한 정토는 청정하고 밝은 마음에서 나온다'

석가모니 붓다는 수보리와의 대화를 통해 여래는 연등불에게 법을 얻은 것이 아니고, 장엄한 정토는 물질세계로 존재하는 것이 아니며, 따라서 보살은 어떤 것에도 집착하지 않는 청정한 마음을 가질 때 진정으로 큰 몸을 갖게 된다고 가르친다.

장엄한 정토
[成就莊嚴, 淨明心地]

부처가 수보리에게 말하길 "어찌 생각하는가? 옛적에 여래가 연등불[37] 있던 곳에서 법을 얻은 것이 있었는가?" 수보리가 "없습니다. 세존이여. 여래는 연등불 아래에 있으면서 실로 얻은 바가 없습니다." "수보리여, 어찌 생각하는가? 보살에게 장엄한 정토가 있는가?" "아닙니다. 장엄한 정토라는 것은 장엄하지 않으며 그것을 일러 장엄하다고 하기 때문입니다." "수보리야, 그러니 모든 보살마하살[38]은 마땅히 이같이 청정심이 생기며, 마땅히 색에 머물러 마음이 생기지 않으며 소리, 냄새, 맛, 감촉, 법에 집착하지 말아야 그 마음이 생긴다. 수보리여 비유하자면 어떤 사람의 육체가 수미산처럼 크다면, 그대 생각은 어떠한가? 몸이 크다고 할 수 있는가?" 수보리가 답하길 "매우 큽니다. 세존이여. 왜냐하면 부처님이 몸이 아닌 것을 일러 큰 몸이라 하기 때문입니다."

정토란 번뇌가 없는 아주 깨끗한 세상으로서 불교에서 말하는 이상 세계, 곧 유토피아이다. 이러한 이상 세계를 좋고 아름다운 것으로 꾸미는 것을 "정토를 장엄하게 한다."고 말한다.

맑고 깨끗한 땅을 더 아름답게 꾸밀 필요가 있을까? 실제로 불교 국가

---

37 석가모니 부처 이전의 과거불로 석가모니의 전생에서 석가모니에게 성불하리라고 수기(예언)한 부처이다.

38 '보리살타마라살타'를 줄인 말이다. 보리살타는 깨달음을 뜻하는 보리와 중생을 뜻하는 살타의 합성어로서 보살로 약칭한다. 마하살타는 '위대한'이란 의미의 마하와 보리살타를 축약한 살타의 합성어로 보살에 대한 존칭이다.

들의 문화는 장엄하다. 사찰은 금은 등의 보석 장식으로 치장되어 있다. 불경 등의 기록도 불교 국가 문화의 찬란한 업적이다. 그런데 가장 중요한 것은 그곳에 사는 사람들의 마음 씀씀이다. 보고, 듣고, 맡고, 맛보고, 느끼고, 생각하는 것들이 고급스러우냐의 여부보다 맑고 깨끗한 마음을 간직하는 일이 더욱 소중하다.

형상, 소리, 냄새, 맛, 촉감, 관념 등의 감각 자료는 현실 인식의 일차적 자료이다. 하지만 감각 자료의 수집과 분류 그리고 활용에는 언제나 시행착오가 있게 마련이다. 따라서 중단 없는 자기 수정이 필요하다.

수행하되 수행 자체에 집착하지 말아야 한다. 수행은 지금 여기서 완결

되는 것이지 미래를 위한 준비 과정이 아니다. 선행조차도 집착함이 없이, 다시 말해 대가성 없이 이루어져야 한다. 아무런 마음도 쓰지 말라는 것이 아니라 머무름이나 집착이 없는 청정한 마음을 쓰라는 것이다. 맑고 깨끗한 마음 씀씀이는 편견이나 선입견이 없는 마음의 작용이다.

📖 **생각 열기**

* 머무는 바가 없다는 것은 무엇을 말하는 것일까요?

* '장엄정토'란 무엇인가요?

🙂 **생각 더하기**

* 깨달음은 결과가 아니라 과정이라고 하는데, 이러한 수행 방법에는 어떤 것
  들이 있을까요?

📋 **용어 알아보기**

* 금강경의 수행 방법
  • 차선의 방법(최선의 방법은 우리가 이해할 수도 없고 표현할 수도 없기
    때문)
  • 머무는 바가 없는 것, 수시로 청정심이 생겨나는 것

* 장엄정토(莊嚴淨土)

  일념도 일어나지 않는 상태에서 전체가 드러나는 것으로 마음이 청정하고
  공(空)에 이를 때가 진정한 정토임

* 청정심(淸淨心)

  색에 머물러 마음이 생기지 않으며 소리나 냄새, 맛이나 촉감, 법에 머물러
  마음이 생기지 않아, 머무름이 없이 마음이 생기는 것[39]

---

39 남회근, 신원봉 역(2008), 앞의 책, p.253.

집착 없는 행위 (무위복승, 無為福勝)

제11품 無為福勝(무위복승) '집착 없는 법보시가 재보시보다 좋다'

석가모니 붓다는 수보리와의 대화를 통해 엄청나게 많은 재물을 보시하면 많은 복덕을 얻겠지만, 재물을 보시하는 것은 재물에 집착하는 것으로, 엄청난 재물을 보시하는 것보다 집착 없는 법보시가 더 좋다고 가르친다.

무위 복을 닦는 것이 물질적 보시를 뛰어넘는다
[修無為福, 勝於布施]

"만약 갠지스강의 모래 수만큼 갠지스강이 있다면, 수보리의 생각은 어떠한가? 이 모든 갠지스강의 모래가 많다고 하겠는가?" 수보리가 대답하길, "많습니다. 세존이여, 모든 갠지스강의 수만 해도 셀 수 없는데 하물며 그 모래 수야 어찌 헤아릴 수 있겠습니까." "수보리여, 내가 진실로 말하노니 만약 선남자와 선여인이 이 모든 갠지스강에 있는 모래의 수와 같은 삼천대천세계를 채울 칠보로서 보시한다고 하면 그리하여 얻는 복덕이 많지 않겠는가?" 수보리가 대답하길, "많습니다. 세존이여." 부처께서 수보리에게 "만약 선남자와 선여인이 이 경전 중 사구게라도 받아 지니고 다른 사람을 위해 말해 준다면 그 복덕은 앞서 말한 복덕보다 클 것이다."

무위복은 정신적 가치에서 얻는 행복이다. 유위복은 물질적 가치에서 얻는 행복이다. 정신적 가치는 아무리 나누어도 모자람이 없다. 반면 물질적 가치는 나누어 갖는 데 한계가 있다. 지혜와 같은 정신적 가치는 무한히 나누어 쓸 수 있다. 금강경의 지혜도 마찬가지이다. 존재의 의미, 삶의 궁극적 가치를 가르쳐 주는 금강경의 지혜는 아무리 나누어도 지나치지 않다.

　색깔, 소리, 맛, 향기, 촉감, 관념에 집착하지 않는 맑고 고요한 마음을 공유하는 삶은 끝없이 행복하다. 현실을 있는 그대로 바로 볼 수 있는 마음을 갖는 행복은 그지없다. 자아라는 소우주에 갇히지 않고 생명 체계라는 대우주의 큰 틀 속에서 세상을 바라보고 살아가는 삶의 행복은 다른 어느 것에 비교할 수 없을 만큼 행복하다.

　슈바이처는 생명에의 외경을 이야기하며 모든 생명체의 본래 가치를 주장한다. 인간만이 아니라 동물, 식물, 심지어 무생물까지도 우리 삶에 모두 소중하다. 또 프리초프 카프라[40]는 우리는 모두 같은 강물에서 헤엄치는 사람들이라고 하였다. 상류, 중류, 하류 어디에 살든 간에 같은 강물에서 헤엄치는 사람들은 공생 관계에 있다.

---

40 프리초프 카프라는 빈대학교에서 물리학을 전공하고 캘리포니아대학으로 옮긴 후 소립자 연구를 계속했으며, 동양사상과 물리학을 비교하는 많은 강연과 논문을 발표했다. 주요 저서로 『현대 물리학과 동양사상』, 『새로운 과학과 문명의 전환』, 『탁월한 지혜』, 『녹색 정치』 등이 있다.

* 일체의 악을 행하지 않고 뭇 선을 받들어 행하는 것은 복덕자량을 위한 것이라고 하는데, 이것이 의미하는 것은 무엇일까요?

* 불경을 연구하는 이유는 무엇인가요?

생각 더하기

* '세상에서 가장 가치 있는 것과 가장 가치가 없는 것'의 구체적 예를 들고 그 이유를 말해 보세요.

용어 알아보기

* 불립문자: 글자에 얽매이지 말라
  • 사구를 벗어나고 온갖 그릇된 것을 끊는다.
  • 공(空), 유(有), 역공역유, 비공비유

* 무위(無爲)의 복
  불법을 배우고 닦은 결과로 얻은 열매를 산스크리트어로는 열반이라 하는데, 번뇌가 소멸한 열반은 집착 없는 무위와 같다. 가장 높고 바른 깨달음인 열반은 가장 큰 무위의 복덕이다.

올바른 가르침 [존중정교, 尊重正教]

바른 가르침을 존중하다
[受持正教, 天人尊重]

"수보리여, 이 경전에 있는 사구게만이라도 뜻을 일러 준다면 모든 세상의 천이나 귀(鬼), 신(神), 아수라 등 가릴 것 없이 모두 부처의 탑과 묘를 대하듯 공양해야 할 것이다. 하물며 이 경 전체를 수지 독송할 수 있는 사람이야! 이 사람은 최상이며 가장 드문 법도를 성취한다. 이 경전이 있는 곳엔 부처와 존경받는 제자들이 있다."

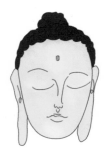

수보리여!
경전이 있는 곳이
부처님이 계신 곳이다.

금강경은 부처와 수보리의 대화로 구성되어 있다. 일종의 대화편이다. 부처와 그 제자 간의 대화 내용은 교화의 측면에서 어느 정도나 큰 감화력을 가지고 있을까?

사람들은 좋은 경전을 찾아 읽기도 하고 유튜브 등에서 강의를 수강하기도 한다. 때로는 훌륭한 분의 말씀을 직접 듣는 기회를 만나기도 한다. 경전 내용을 보고 쓰거나 읽고 외우는 일도 있다. 경전의 주요 부분을 소리 내어 읽거나 외워 읊조리는 일 그리고 조용히 앉아 내용을 음미하고 일상생활에 적용한다. 과연 이러한 일들의 효과는 어느 정도일까?

부처와 그 제자들은 함께 생활하였으며 언제 어느 때나 당면한 일에 관해 대화와 토론을 하였다. 또한, 생각과 말뿐만 아니라 몸소 실천함으로써 상호 감동과 감화를 주고받았다.

금강경과 거기에 실린 지혜가 있어야 할 곳은 어디인가? 사찰인가, 학교인가, 도서관인가, 법정인가, 국회인가? 궁극적으로 경전이 알려 주는 지혜가 있어야 할 곳은 우리 마음이다. 마음이 부처라는 말은 맑고 깨끗한 바른 믿음이 우리 마음에 자리해야 한다는 말이다. 이런 믿음을 바탕으로 우리 자신이 존중, 배려, 사랑, 자비를 실천하는 성숙한 인격체로 바뀌어야 한다.

불법은 미래에 멀리 있는 것이 아니고 바로 지금 여기에 있다. 내 생각, 말, 그리고 행동을 통해 지혜를 드러내야 한다.

📖 생각 열기

* 부처는 경전이 있는 곳이 부처님이 계신 곳이라고 했는데, 금강경이 중요한 이유는 무엇인가요?

* 옛 사람들은 경전을 일일이 손으로 베껴 썼다고 하는데, 지금도 필사를 하고 있는 사람들에게 해 주고 싶은 말은 무엇인가요?

* 바뀌어야 하는 자신의 모습으로는 어떤 것들이 있을까요?

* 한의학 : 1폄(一砭), 2침(二針), 3구(三灸), 4탕약(四湯藥)의 관계
  • 1단계: 추나, 2단계: 침, 3단계: 뜸, 4단계: 탕약
  • 실제로 한의학은 탕약을 짓는 사람은 그냥 탕약만 짓지만, 이들 모두가
    연관된 하나의 체계이다.

지혜 아닌 지혜 [여법수지, 如法受持]

금강반야바라밀경의 가르침대로 살아가다

[當如此法, 承受奉持]

"세존이여, 이 경전의 이름은 무엇이라 불러야 하며, 저희가 어떻게 받아들여 지켜야 합니까?"

"이 경전은 금강반야바라밀이라 하니 이 이름으로 받아들여 지켜야 한다. 수보리여, 부처가 말하는 반야바라밀은 곧 반야바라밀이 아니요 그 이름이 반야바라밀일 뿐이다."

"수보리여, 여래가 설한 법이 있는가?"
"삼천대천세계를 이루고 있는 티끌이 많다고 하겠는가?"

"여래는 설한 법이 없습니다."
"아주 많습니다. 세존이여."

"수보리여, 모든 티끌은 티끌이 아니고 티끌이라 불릴 뿐이다. 여래가 말하는 세계도 세계가 아니고 이름이 세계일 뿐이다. 서른두 가지 상으로 여래를 볼 수 있겠는가?"

"아닙니다. 세존이여, 서른두 가지 상을 살핀다고 하여 여래를 볼 수는 없습니다. 서른두 가지 상이란 곧 서른두 가지 상이 아닌 그 이름이 서른두 가지 신체적 특징이라 불릴 뿐입니다."

"수보리여, 만일 선한 남자와 선한 여인이 갠지스강의 모래 수와 같은 목숨을 바쳐 보시한다고 하고, 어떤 사람이 이 경전에 있는 사구게만이라도 받아들여 지키고 다른 사람에게 전한다면 이 복덕이 저 복덕보다 더 많을 것이다."

사람들이 '지혜라고 말하는 지혜'는 지혜가 아니다. 흔히 사람들은 이성들의 합계인 합리성이 지혜라고 생각한다. 이해타산에 밝은 것이 지혜인가? 합리성은 기껏해야 효율성과 공리성의 수준이다. 이기심이나 상호 이익을 초월하는 공덕심은 흔히 말하는 지혜가 아니다. 대가나 보답을 바라지 않는 경지이기 때문이다.

영어 문화권의 prudence[41]는 이해관계를 신중하게 따지는 수준이다. 받은 만큼 주고 준 만큼 받는다는 상호성의 윤리이다. rationality[42]도 타

---

41 세속적으로는 prudence를 wisdom으로 여기지만, 다시 말해서 타산적인 신중함을 지혜롭다고 보지만, 동양의 공덕심은 서양의 prudence나 wisdom과 의미상 차이가 있다. 대가를 바라지 않는 조건 없는 보시이기 때문이다.

42 reason은 이성으로 옮기고, rationality는 이성들의 합, 즉 합이성이다. 합이 합리성으로 바뀐 것이다. 그리고 reasonableness는 합당성 또는 순리성으로 옮긴다. 어느 쪽으로 옮기든 간에 금강경의 정신과는 차이가 있다. reason에 기초한 rationality, 즉 이성에 기초한 합리성은 prudence라는 개념과 같은 수준에서 이해할 수 있다. reasonableness도 결국은 reason과 rationality 개념의 연장선상에서 이해할 수 있다. 금강경의 보시 정신은 그러한 수준을 넘어선 곳에 있다.

산적인 이성(reason)들이 모여 만들어진다. 또 합당성(reasonableness)은 어떠한가? 역시 합리성과 도덕성의 반성적 균형을 주장하지만, 상호성의 수준에서 맴돈다. 거기에는 희생이나 봉사와 같은 대가나 보상이 없는 선행이 발견되지 않는다.

대자대비한 금강경의 지혜는 어디에서 찾아볼 수 있는가? 부처는 제자들에게 감춘 것이 없다고 하였다. 함께 생활하며 자신의 있는 그대로를 모두 보여 주었다. 그런 의미에서 지혜는 멀리 있는 것이 아니고 일상생활 속에 있다. 가장 평범한 것이 가장 비범한 것이다. 아주 사소하게 보이는 일들에서도 지혜는 모습을 드러낸다.

세상의 법이 모두 불법이다. 따라서 불법을 배우려는 수행자는 주어진 불법에 얽매여서는 안 된다. 그래서 금강경에서는 "여래는 법을 말한 적이 없다."고 비유적으로 말한다.

생각 열기

* 인생에서 가장 떨쳐 버리기 힘든 것은 재물과 생명이라고 합니다. 여러분은 어디까지 보시할 수 있나요?

생각 더하기

* "일체의 상에 머무르지 않는다."는 것은 어떤 상태를 말하는지 생각해 봅시다.

* 미진: 전자나 핵자, 원자와 같은 종류로 외색진이라고도 하는데, 색(色), 성(聲), 향(香), 미(味), 촉(觸), 법(法), 공(空)으로 나뉜다. 원자나 핵자는 최후로 나뉘어 공이 되는데, 이 때문에 미진이 색, 성, 향, 미, 촉, 법, 공의 7가지로 나뉜다.

* 내색진: 마음이 흐트러지지 않는 경지인 심물일원(心物一元)에 이르러 자신의 전면에 또 다른 자신을 볼 수 있는데, 이는 일체유심(一切唯心)이 만들어 낸 것으로, 내색진의 역량으로 인해 발현된다.

* 중도: 공(空)이라 말해도 그것은 이미 존재하는 것이고, 유(有)라고 해도 그것은 변화하는 것이므로 무상한 공이다.
  · 즉공즉유(卽空卽有): 예) 산은 산이고 물은 물이다.
  · 비공비유(非空非有): 예) 산은 산이 아니고 물은 물이 아니다.
  · 진공묘유(眞空妙有): 예) 공 아닌 공, 유 아닌 유

* 아뢰야식(阿賴耶識): 유식에서 말하는 인간의 근본 의식. 유식은 마음의 작용을 여덟 단계로 설명하는데, 아뢰야식은 마지막의 제8식에 해당한다. 의식의 맨 밑바닥에 잠재의식보다 더 아래에 숨어 있는 무의식을 말한다고 볼 수 있다

* 대복덕: 재물과 생명은 인생에서 제일 떨쳐 버리기 힘든 것이나 죽을 위기에 직면했을 때 자신의 생명을 구해 준다면 어떤 것이라도 줄 수 있다. 금강경의 사구게를 이해하여 수지, 증득하며 나아가 다른 사람을 제도하고 깨닫게 하는 것은 대복덕이다. 대복덕은 집착 없는 무위가 지은 복이며, 올바른 믿음이 쌓은 복이다.

깨달음의 기쁨 (이상적멸, 離相寂滅)

離相寂滅

제14품 離相寂滅(이상적멸) '상을 떠나 적멸에 든다'

석가모니 붓다가 금강경의 가르침을 설하는 것을 듣고 수보리는 깊이 깨달아 눈물을 흘린다. 금강경의 가르침을 따르면 몸과 마음이 청정해져 참된 경계를 볼 수 있다고 하는데, 신심의 청정을 위해서는 어떻게 해야 하는가? 어떻게 하면 부처를 볼 수 있는가? 무엇이 인욕이며, 머무름이 없는 마음이란 무엇인가? 또 보시는 어떻게 하는 것인가? 여래가 얻은 법은 아무것도 없지만 공허한 것이 아니라고 했는데 이것은 무엇을 의미하며, 한없는 공덕을 성취하기 위해서는 어떻게 해야 하는가?

모든 모습에서 벗어나면 스스로 적멸에 든다
[離諸形相, 自得寂滅]

"세존이여, 부처님께서 이렇게 매우 깊은 경전을 말씀하여 주시니 제가 이를 좋아 지혜의 눈이 뜨였습니다. 만약 어떤 사람이 이 경전을 듣고 믿음이 청정해지면 바로 궁극적 지혜가 일어날 것입니다."

"수보리여, 여래가 말하는 최고의 바라밀은 이름만이 최고의 바라밀이라 불릴 뿐이다. 수보리여 모욕을 참는 바라밀이라는 것도 여래가 말하기를 곧 모욕을 참는 바라밀이 아니라 그 이름이 모욕을 참는 바라밀이라 불릴 뿐이다. 수보리여, 보살은 마땅히 모든 모습에서 벗어나 가장 높고 바른 깨달음의 마음을 내어야 한다. 보이는 것에 집착 없이 마음을 내어야 하며 소리, 냄새, 맛, 감촉, 마음의 대상에도 집착이 없어야 한다. 여래는 보살은 보이는 것에 집착 없는 마음으로 보시하라고 가르친다. 보살은 모든 중생을 이롭게 하기 위하여 마땅히 이와 같이 보시해야 한다."

수행의 방법은 계, 정, 혜이다. 계는 생각을 잘 지키는 것이다. 정은 머무름이 없는 것이다. 혜는 반야의 지혜를 깨닫는 것이다. 수보리는 깊은 깨달음을 경험하는 순간 감격의 눈물을 흘린다.

흔히 불교에서는 4가지 수행 단계를 이야기한다. 신해수지 또는 신해행증이 그것이다. 신해수지는 믿고 이해하고 받아들여 실천에 옮기는 것을 말한다. 신해행증은 믿고 이해하고 실천하여 경험으로 검증하는 것을 가리킨다. 이러한 수행 과정을 한마디로 표현하면, "눈에 보이는 겉으로 드러난 형상을 떠나면 부처가 된다."는 말이 된다. 하지만 결코 말처럼 쉽지는 않다.

그래서 보다 구체적인 수행 방도를 육도라고 한다. 깨달음에 이르는 여섯 가지 지혜가 육도이다. 보시, 지계, 인욕, 정진, 선정, 반야가 그것이다. 이 중에서 금강경은 특히 인욕, 반야, 보시를 강조한다. 실천하기 가장 어려운 것이 인욕이다.

욕은 생각대로 되지 않는 모든 것이다. 인욕이란 모욕을 견디고 원한, 분함, 원망, 노여움 따위를 갖지 않는 것을 가리킨다. 인욕 중에서도 모든 인연을 끊어버리는 법인은 핵심이다. 다른 사람이 참을 수 없는 것을 참아내고, 행할 수 없는 것을 행하는 것은 보살이 되는 수행 과정에서 가장 기본이 되는 정신이다. 이러한 정신으로 보살은 다른 사람의 몸과 마음을 이롭게 해야 한다.

미성숙한 인격을 가진 인간은 자비심에 관해 생각도 하고 말도 하지만 행하지는 않는다. 따라서 먼저 자신이 성숙한 인격체가 되어야 한다. 미성숙한 사람이 중생을 구제하겠다고 나서면 선후가 바뀌게 된다.

* 머무름이 없는 마음이란 어떤 마음인가요?

* 아무것도 얻은 것이 없지만 공허한 것은 아니라는 말은 어떤 뜻인가요?
  • 무실(無實): 아무것도 얻은 것이 없다.
  • 무허(無虛): 그렇다고 헛된 것도 아니다.

📖 생각 더하기

* "어떻게 보시해야 하는가?"에 대한 구체적인 방법을 찾아봅시다.

📄 용어 알아보기

* 사리(舍利): 불교에서 참된 수행의 결과로 생겨나는 구슬 모양의 유골로, 석가모니를 화장하고 난 뒤에 남은 유골과 잔류물. 후대에서는 불교 승려나 공덕이 높은 사람을 화장한 뒤에 유해에서 발견되는 구슬 모양의 결정체를 말함.
  • 진신사리: 석가모니 부처의 결정체인 유골(遺骨)
  • 법신사리: 불교 석가모니의 정신이 깃든 불경(佛經)이나 가사, 바리[鉢], 지팡이[杖] 등

* 적멸보궁: 사찰에서 석가모니불의 진신사리를 봉안하는 불교 건축물
  • 진신 사리를 모시고 있는 불전에는 따로 불상을 봉안하지 않고 불단(佛壇)만 있음.
  • 우리나라 5대 적멸보궁
  ① 양산 통도사 불보사찰 ② 오대산 적멸보궁 ③ 설악산 봉정암(鳳頂庵)
  ④ 영월 법흥사 적멸보궁 ⑤ 태백산 정암사 적멸보궁

→①～④: 신라시대 자장(慈藏)이 당나라에서 가져온 불사리 및 정골(頂骨)을 직접 봉안한 것

⑤ 임진왜란 때 분실 사고를 피하고자 사명대사가 통도사의 것을 나누어 봉안한 것

* 시방 삼세(十方三世): 불교의 공간 구분 개념, 동서남북 사방팔방 천지
  • 대승불교에서는 시방에 무수한 세계가 있으며, 그 안에는 수많은 부처가 두루 존재
  • 시방삼세제불(十方三世諸佛)

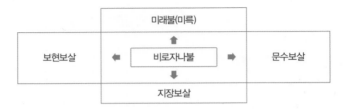

* 계(戒), 정(定), 혜(慧)
  • 행위 규범과 생활 규칙의 준수: 계
  • 흔들림이 없는 마음의 경지: 정
  • 연기의 법에 대한 자각: 혜

금강경 수지와 법보시 [지경공덕, 持經功德]

持
經
功
德

제15품 持經功德(지경공덕) '금강경의 가르침을 설하는 공덕은 무한하다'

석가모니 붓다가 수보리에게 금강경의 가르침을 받아들여 지키는 복덕이 억겁의 세월 동안 보시를 한 복덕보다 훨씬 크지만, 금강경의 가르침을 다른 사람에게 베푸는 복덕이야말로 한이 없는 공덕이라고 설한다. 경전의 가르침을 베푸는 법보시는 어떤 것에도 집착하지 않아야 가능하기 때문이다.

이 경전을 받아 지니는 공덕이 헤아릴 수 없이 크다
[受持此經, 功德無量]

"수보리여, 만일 갠지스강에 있는 모래의 수만큼 몸을 다하여 보시하기를 헤아릴 수 없는 백천만억겁의 세월 동안 몸을 다하여 보시한다고 하자. 또 어떤 사람이 이 경전을 듣고 거스르지 않는 마음으로 믿는다면 이 복덕이 앞에 말한 보시를 한 것보다 클 것이다. 금강경에는 생각할 수도 없고 헤아릴 수도 없는 한없는 공덕이 있으며, 여래는 대승에 나아가는 이를 위해 설법한다. 만일 어떤 사람이 이 경전을 읽고 다른 사람을 위해 말하여 준다면 한없는 공덕을 성취할 것이라고 본다. 이러한 사람들은 곧 여래의 가장 높고 바른 깨달음을 짊어진 것과 같다. 수보리여, 소승법을 좋아하는 자가 아견, 인견, 중생견, 수자견에 집착해 이 경전을 독송한다면 다른 사람을 위해 말해 줄 수 없기 때문이다."

경전을 몸 가까이 지니는 일을 수지라고 한다. 경전의 가르침을 받아들여 지켜 가는 것이다. 또 경전을 읽고 외우는 일을 독송, 경전을 베끼는 일을 서사, 경전을 해설해 주는 일을 설법이라고 한다. 이 수지, 독송, 서사, 설법은 모두 법보시에 해당한다. 몸으로 하는 몸 보시, 돈이나 재물로 하는 재보시도 공덕을 쌓는 일이지만, 경전을 되새기고 전하는 법보시는 더 큰 공덕이다.

돈이나 재물로 하는 보시나 몸으로 하는 보시도 쉽게 실행할 수 있는 일이 아니다. 특히 몸 보시 중에서도 생명을 보시하는 일은 실천에 옮기기가 극히 어렵다. 자신을 희생하여 타인을 돕고 구하는 일이 수행자가 되기 위한 최소한의 자격이라면 너무 높은 조건을 내세우는 것일까? 타인을 살리기 위하여 자기 목숨을 버리는 살신성인의 공덕은 아무나 실천할 수 있는 것이 아니다.

다만 금강경은 최고 수준의 수행자를 위한 것이다. 아견·인견·중생견·수자견을 벗어나지 못한 낮은 수준의 수행자가 더 큰 깨달음을 얻으려면 작은 법, 즉 최소 윤리의 단계를 뛰어넘어야 한다. 작은 법인 최소 윤리가 자기중심적이라면, 큰 법인 최대 윤리는 자기중심성을 벗어난 윤리이다. 자기중심성을 벗어나려면 소아를 버리고 대아를 선택해야 한다.

금강경의 지혜를 심도 있게 이해하고 실천하려면 어떤 커다란 결단이 필요한 것으로 보인다.

* 불교도의 자격은 어떻게 되나요?

* 선한 사마리아인 법
  · 양심을 강제할 수 있을까요?

* 아견, 인견, 중생견, 수자견은 모두 자기 자신을 위한 것입니다. 자기중심성을 벗어나기 위해서는 어떻게 해야 할까요?

* 신심을 거스르지 않는 경지[신심불역(信心不逆)]란 어떤 경지를 말할까요?

* 선종의 4대 종지
  · 교외별전(敎外別傳): 말이나 문자를 쓰지 않고, 따로 마음에서 마음으로 진리를 전하는 것
  · 불립문자(不立文字): 언어 문자의 형식에 집착하지 않고 마음에서 마음으로 법을 전하고 깨닫는 것
  · 직지인심(直指人心): 수행자가 경전의 매개 없이 마음을 가리켜 단박에 성불하는 것
  · 견성성불(見性成佛): 인간이 본성을 깨치면 누구나 부처가 된다는 말로, 본마음을 깨치면 바로 깨달음의 경지에 이를 수 있다는 것

＊ 금강경 설법의 중점
  · 제1의 중점: 신심을 거스르지 않는다.[신심불역(信心不逆)] ➡ 일체의 상에 머물지 않고 일체의 마음을 던져 버려야만 최고의 경지에 이를 수 있다.
  · 제2의 중점: 불법을 과감히 짊어진다. 여래의 정법과 대승의 법문을 짊어진다. ➡ 앎을 실천에 옮긴다.

인과응보와 책임 윤리 [능정업장, 能淨業障]

能
淨
業
障

제16품 能淨業障(능정업장) '전생의 업은 깨끗이 소멸할 수 있다'

석가모니 붓다가 수보리에게 중생은 업의 인과관계에 따라 육도를 윤회하지만, 선한 사람은 현생의 노력을 통해 책임을 다하고 심신을 청정하게 함으로써 전생에 지은 업을 소멸시키고 가장 높고 바른 깨달음, 즉 아뇩다라삼먁삼보리를 얻을 수 있다고 설한다.

업은 깨끗이 할 수 있다
[若能淸淨, 業障盡消]

"또한 수보리여, 어떤 사람이 금강경을 외우는 선한 남자와 선한 여인이 남에게 천대와 멸시를 당한다면, 이 사람이 전생에 지은 죄업으로 악도에 떨어져야 마땅하겠지만, 지금 생애에서 천대와 멸시를 받았기 때문에 전생의 죄업이 사라지고 높은 깨달음을 얻게 될 것이다. 훗날 말세에 이 경전의 공덕을 내가 말한다 하여도 의심하는 사람들이 있을 것이다. 수보리여, 알아 두어라. 이 경전은 뜻이 불가사의하며, 그 과보 또한 불가사의함을 알아야 한다."

선한 행동을 하면 복을 받고 악한 행동을 하면 벌을 받는다는 인과응보의 논리는 전통 사회에서 선행을 권장하고 악행을 예방하는 권선징악의 논리와 연결되어 있었다.

수행자들에겐 과거와 현재의 죄가 깨끗이 정리되고 난 이후에야 비로소 진정한 깨달음의 세계로 입문할 수 있다고 여겨졌다. 전생과 현생의 업보에 대한 참회와 죄를 면하기 위한 면벌의 공덕이 필요함을 말한 것이다.

이러한 면벌의 논리는 수행자들에게 또 다른 업보로 작용할 수 있다. 서구에서 있었던 루터의 종교 개혁을 떠올리게 한다. 수행자가 될 자격 또는 깨달음을 얻을 자격이 너무 엄격한 것이다. 태어난 이후의 죄에 대한 책임은 어쩔 수 없다고 하더라도 태어나기 이전의 죄에 대해서까지 책임을 묻는 일은 이해하기 힘들다. 아직 태어나지 않은 미래 세대의 전생은 지금 여기인데, 도대체 그들이 현재 무슨 죄를 짓고 있다는 말인가?

"할 수 없는 일을 도덕적 의무로 부과하지 말라."고 했다. 미성숙한 어린 시절의 죄는 어느 정도 면벌의 대상이다. 한 사람의 힘으로 어쩔 수 없는 우주 또는 생태계에 대한 책임도 어느 정도는 면책의 대상일 수밖에 없다.

100년 전 또는 50년 전 우리 선조들이 행한 행동에 대한 책임을 지금 여기에 있는 우리에게 묻는 일은 합당한 것일까? 그들의 죄업은 우리들의 유전자에 고스란히 기록되어 있는 것일까? 한 집단이 저지른 활동의 책임을 그 집단의 지도자에게 묻는 연대 책임의 한계는 어디까지일까? 기업이든 정부든 비정부조직이든 집단 활동의 결과에 대한 책임은 집단 전체에 물어야 하는가, 아니면 그 집단의 최고 책임자에게 물을 수밖에 없는가?

이런 문제에 관해서 금강경의 가르침은 분명하지 않다. 경전도 불가사의하고 과보(果報)도 불가사의하다고 한다. 과보란 원인에 의해서 만들어진 결과를 말하는데, 어떤 의미에서 과보가 성불의 지름길이라고까지 말한다. 그리하여 금강경에서 말하는 "마음에 머무는 바가 없으니 이 법은 얻은 것이 있는 것도 아니요(아무것도 얻은 것이 없지만), 그렇다고 공허한 것은 더욱 아니다."라는 말의 의미를 되새기게 된다.

📖 생각 열기

* 자신의 업보를 없애는 수행에는 어떤 것이 있나요?

* 불법을 배우는 사람들은 고개를 돌리면 그곳이 곧 피안이라고 하는데, 피안은 어디에 있을까요?

생각 더하기

* 만년에 얻게 되는 과(果)는 어릴 적부터 중년에 이르기까지 자신이 행했던 여러 행위의 결과입니다. 자신의 인생을 전생, 현생, 후생으로 나누어 생각해 보세요..

📋 용어 알아보기

* 아뇩다라삼먁삼보리: 더 이상이 없는, 가장 바르고 높고 원만한 부처의 마음 또는 지혜, 즉 최상의 깨달음

＊ 8식(八識) 또는 8식신(八識身): 대승불교의 유식유가행파와 법상종에서 마음을 구성하고 있다고 보는 안식, 이식, 비식, 설식, 신식, 의식, 말나식, 아뢰야식의 8가지를 말한다. 부파불교의 설일체유부와 상좌부불교 등에서는 마음이 안식, 이식, 비식, 설식, 신식, 의식의 6가지로 이루어져 있다고 본다.

＊ 삼계육도(三界六道): 불교에서 깨달음을 얻지 못한 무지한 중생이 윤회전생(輪廻轉生)하게 되는 6가지 세계 또는 경계로 죽어서 가게 되는 곳 중에 가장 좋지 못한 곳인 삼악도(三惡道)[지옥도(地獄道), 아귀도(餓鬼道), 축생도(畜生道)], 삼선도(三善道)[아수라도(阿修羅道) 또는 수라도, 인간도(人間道), 천상도(天上道)] 여섯 갈래로 갈라져 있다. 여기에 삼계인 욕계, 색계, 무색계가 더하여 삼계육도라고 부른다. 불교에서 중생은 집착과 악업으로 해탈하지 못하고 육도를 윤회하게 된다고 한다. 과거에 인간이었던 자가 동물이나 벌레로 다시 태어나기도 하고, 벌레였던 것이 인간으로 태어나기도 한다.

삼계	욕계(欲界)		인간이 사는 세계로 인간의 탐욕인 식욕, 색욕, 재욕, 수면욕, 명예욕 등 오직 자기만을 위해 예의염치도 모르고 종종 악업을 지으며 정신없이 허덕이는 중생의 마음 세계
	색계(色界)		욕계에서 벗어난 깨끗한 물질의 세계. 욕계와 무색계의 중간 세계. 욕계에서와 같은 음욕·식욕 등의 탐욕은 끊어졌으나, 아직 무색계와 같이 완전히 물질을 떠나 순수한 정신적인 세계에는 도달하지 못한 경지
	무색계(無色界)		물질을 초월한 순수한 정신적 영역의 세계로서 정신적 장애는 남아 있는 상태
육도	3선(三善)	천상(天上)	욕계의 천상 세계와 색계와 무색계의 모든 하늘을 통칭
		인간(人間)	인간들이 사는 세계
		아수라(阿修羅)	아수라가 사는 곳이며, 인간 세계와 장소가 겹침
	3악(三惡)	축생(畜生)	온갖 동물들이 사는 곳이며, 인간 세계와 장소가 겹침
		아귀(餓鬼)	재물에 인색하거나 음식에 욕심이 많거나 남을 시기, 질투하는 자가 가는 곳으로 항상 밥을 구하는 귀신들이 거주하는 곳이다. 인간 세계와 장소가 겹치나 인간의 눈에 보이지는 않음.
		지옥(地獄)	욕계의 지하 세계에 속하며, 무거운 악업을 저지른 자가 가는 곳

나 아닌 나[구경무아, 究竟無我]

究
竟
無
我

제17품 究竟無我(구경무아) '나는 내가 나 아님을 안다'

석가모니 붓다가 수보리에게 다시 한번 여래가 얻은 가장 높고 바른 깨달음은 법으로 정해져 있는 것이 아니고, 보살은 무수히 많은 중생을 제도하는 존재로 정해져 있는 것이 아니며, 장엄한 정토는 물질세계로 존재하는 것이 아니라고 설한다.

높은 깨달음의 경지에 이르면 본래 내가 없다
[成佛究竟, 本無我相]

부처께서 말씀하시길 "수보리여, 실로 여래가 가장 높고 바른 깨달음을 얻은 법이 없다. 만약 여래가 가장 높고 바른 깨달음을 얻은 법이 있었다면 '너는 다음 세상의 부처가 되어 이름을 석가모니라 하리라.'고 하지 않았을 것이다. 수보리여, 여래가 가장 높고 바른 깨달음을 얻은 법이 실제로 없다. 여래가 얻은 가장 높고 바른 깨달음은 실재하는 것도 아니요 공허한 것도 아닌 가운데에 있다. 그래서 여래는 '모든 법이 불법이다.'고 한다. 수보리여, 내가 만약 무수히 많은 중생을 제도하리라고 말한다면, 곧 보살이라 불릴 수 없다. 왜냐하면, 수보리여, 보살이라 할 만한 법이 실제로 없기 때문이다. 여래가 말하기를 부처의 땅을 장엄하는 것은 곧 장엄이 아니라 이름만이 장엄이라 불릴 뿐이기 때문이다. 수보리여 보살이 내가 없는 법의 경지에 통달하면, 여래는 이를 참된 보살이라 하니라."

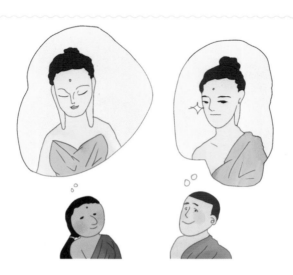

"나라는 자아가 없다는 것을 깨달으면 이미 보살이다."라는 말은 자기 중심성을 탈피하면 도덕적으로 한 단계 성숙한다는 것을 의미한다. 소우주인 작은 나를 벗어나 대우주인 큰 나를 받아들이면 이미 부처의 경지라는 말이다. 작은 자아와 큰 자아의 중간 단계는 상호 이익을 추구하는 단계로서 공리나 효용을 추구하는 단계다.

청정한 마음을 갖고 불법을 배우며 수행하는 이유는 자기중심성 그리고 인간 중심성을 벗어나기 위해서이다. 도덕 교육에서는 전통적으로 그런 경지를 멸사봉공이나 선공후사라는 말로 표현하기도 하였다.

그렇게 볼 때 개인 중심의 차원에서는 어떤 법도 도라고 부를 만한 것이 없다. 자기중심성이나 인간 중심성을 벗어나려면, "진정한 불법은 결코 어떤 고정된 것이 아니다."라는 점을 받아들여야 한다.

우리 자아가 지닌 잠재력과 인성의 변화 가능성을 인정하지 않으면 안 된다. 맑고 깨끗한 세계인 정토의 아름다움은 물질적인 풍요의 장엄이 아니라 정신적인 빈 공간의 장엄함이다. 이렇게 비어 있는 아름다움은 최후에 공조차 공이 되어 공 또한 존재하지 않게 된다. 우리가 흔히 쓰는 아바타는 화신의 다른 이름이다. 부처의 상상력은 법신, 보신을 거쳐 화신에까지 이른다.

불교문화를 한마디로 표현하면 장엄한 세계이다. 이 세계는 가상 현실처럼 가짜이면서 진짜이다. 가상 현실의 세계는 허망한 것이다. 그렇지만 그러한 허망한 세계 역시 진실의 일부이다.

* 가장 높고 바른 깨달음을 얻고자 하는 선한 남자와 선한 여인은 어떻게 살
  아야 하며 어떻게 그 마음을 다스려야 하나요?

* "일체의 법이 모두 불법이다.", "일체의 법은 모두 공이다."라는 말은 무슨
  의미인가요?

* 어떤 것이 무아(無我)일까요?

📖 생각 더하기

* 얼마나 오랜 시간이 지난 후 자신이 어떤 세계에서 성불할 것인지 생각해
  보세요.

📖 용어 알아보기

* 연등불: 석가모니가 과거 전생에 보살로 수행할 때 "내세에 마땅히 부처가
  되어 석가모니라 불릴 것이다."라고 수기를 내린 부처를 말함.

* 수자상: 목숨을 실체로 인정하는 생각. 구마라집은 수(壽), 현장법사는 명
  (命)으로 표현함.
* 성주괴공(成住壞空): 시간에 따른 존재의 변화. 성·주·괴·공의 사겁(四
  劫)이 반복됨.
  ① 성겁(成劫): 기세간과 유정세간이 형성되는 시기(세계 성립 기간)
  ② 주겁(住劫): 머무르는 시기

③ 괴겁(壞劫): 파괴되어 가는 기간
④ 공겁(空劫): 파괴되어 아무것도 없는 기간

＊ 중생은 생로병사하고, 물질은 생주이멸하며, 우주는 성주괴공하나, 본성은 불생불멸함.

＊ 칠보행수(七寶行樹): 극락정토를 뒤덮고 있다는 순금, 백은, 유리, 수정, 호박, 옥, 마노 등의 7가지 보물로 된 나무

＊ 무아(無我): 모든 사물은 실체가 없는 허상이라는 사상
 • 인무아: 아견이 사라진 상태, 소승의 과위
 • 법무아: 아뇩다라삼먁삼보리에 이른 것으로 인법이무라 한다. 무는 곧 공으로 최후에는 공조차도 공이 되어 공 또한 존재하지 않음.

다섯 가지 눈과 마음 (일체동관, 一體同觀)

제18품 一體同觀(일체동관) '일체 존재는 똑같이 평등하다'

석가모니 붓다는 수보리와 대화를 통해 여래에게는 육안, 천안, 혜안, 법안, 불안이 있음을 확인한 후, 다섯 가지 눈은 여래의 청정심에서 비롯된 것으로서 일체를 차별하지 않는 여래는 청정심으로 중생의 모든 눈과 마음을 알지만, 중생의 눈과 마음 모두 참된 눈과 마음이 아니라고 설한다.

모든 법이 하나로 돌아가며
또한 달리 보이지 않는다
[萬法歸一, 更無異觀]

"수보리여! 여래에게 육안, 천안, 혜안, 법안, 불안이 있는가?" "예, 세존이여, 여래께는 육안, 천안, 혜안, 법안, 불안이 있습니다." "수보리여! 갠지스강의 모래의 수만큼 부처님의 세계가 있다면 많다고 하겠는가?" "많습니다. 세존이여." "부처님의 나라 가운데 중생이 있어 저마다 마음을 지닌다면 여래는 그 모두를 알게 되는데, 왜냐하면 여래가 이르기를 모든 마음이 모두 마음이 아니며 그 이름만 마음이라 불리기 때문이다. 과거의 마음도 얻을 수 없고, 현재의 마음도 얻을 수 없으며, 미래의 마음도 얻을 수 없다."

눈은 세상을 보는 창이다. 사람마다 눈을 가지고 있지만 모두 똑같은 눈을 가지고 있는 것은 아니다. 불교에서는 다섯 가지 눈을 구분한다. 육안, 천안, 혜안, 법안, 불안이 그것이다. 육안은 관찰의 도구로서 외부로부터 감각 자료(sense data)를 수집한다. 계정혜(戒定慧)를 성취함으로써 얻게 되는 천안은 멀리 보고 깊이 본다. 이러한 능력은 혜안이 지닌 지혜의 힘으로 이어진다.

육안, 천안, 혜안은 보통 사람이 수행을 통하여 도달할 수 있는 수준이다. 성실한 삶을 살았다면 경험과 식견을 갖춘 인격체가 될 수 있다고 보기 때문이다. 그런데 법안의 경우는 더 큰 깨달음을 요구한다. 힘들고 어려운 삶 속에서도 더 큰 지혜의 눈으로 높은 인생의 가치를 찾아내어야 가질 수 있기 때문이다. 법안으로 세상을 보는 사람들에게는 불행도 행복이며 번뇌도 해탈이다. 이런 경지의 정신적 가치를 보통 사람들이 지니기는 쉽지 않을 것이다.

다섯 번째 눈은 불안이다. 부처님의 눈으로 세상을 본다는 것은 자비로운 마음으로 세상을 본다는 것이다. 육안, 천안, 혜안, 법안이 최소 도덕에 해당하는 반면, 자비의 눈인 불안은 최대 도덕에 해당한다. 자비, 사랑, 배려와 같은 최대 도덕은 도덕적 의무로 규정하기가 조심스럽다. 이행하지 않을 경우, 강력하게 처벌하는 데는 한계가 있기 때문이다. 예를 들어 자비로운 마음은 한계를 정할 수 없다. 무소유의 수준을 넘어 살신성인의 경지 이상으로 나아간다.

육안, 천안, 혜안, 법안, 불안은 차례대로 발달하는가? 아니면 그것들 간에 어떤 위계를 이루고 있는가? 그것들 모두가 개인에게 잠재되어 있어 장기간의 수행으로 실천에 옮겨지는가? 부모로부터 물려받은 육안으로부터 다른 눈을 갖게 되려면, 어떤 계기에 깨달음을 얻어야 하는 비약이 필요한가? 뗏목의 비유처럼 한 번 깨달음을 얻으면 수행 과정에서 사용한 매개물들은 버려야 하는가? 아니면 퇴행이 벌어질 때 다시 사용하기 위하여 소중히 간직해야 하는가? 뗏목은 하나만 만들어서는 안 되고 수행 단계마다 새로운 뗏목이 필요한가?

역사적으로 수행자들은 이러한 물음을 제기해 왔고 지금도 제기하고 있다. 21세기에는 어떤 새로운 화두 또는 문제가 등장할까? 코로나 사태 이후에는 어떤 새로운 문제의식이 등장할까? 우리는 문제에 대한 해법이 또 다른 문제를 만들어 낸다고 생각한다. 구성주의의 한계이다. 모더니즘을 비판하고 등장한 포스트모더니즘도 비슷한 한계에 봉착해 있다.

* 부처가 말하는 다섯 가지 눈은 무엇이며 무엇을 의미하나요?

* 천안과 도교에서 말하는 천리안은 무엇을 말하나요?

* 헤아릴 수 없이 많은 마음이란 무엇인가요?

생각 더하기

* '육안, 천안, 혜안, 법안, 불안'에 대한 수행자들의 물음에 답해 보고, 그 이
  유를 말해 보세요.

용어 알아보기

* 오안(五眼): 불교에서 불법을 배우는 자가 법(法)에 따라 수지하여 진정한
  성취를 얻으면 얻게 되는 다섯 가지 눈. 계정혜를 성취하면 자연스럽게 얻
  게 되는 것으로, 사람마다 본래 구비하고 있는 능력이라고 본다.
  • 육안(肉眼): 부모로부터 받은 눈, 물질세계를 볼 수 있는 눈으로, 모든
    감각과 지각이 육안을 통해 이루어짐.
  • 천안(天眼): 물질세계를 초월한 눈으로, 귀신이나 영혼 또는 천신을 보
    거나 다른 세계를 보는 능력.
  • 혜안(慧眼): 지안(智眼)으로 계정혜를 닦아 그것의 공력이 드러난 것임.
  • 법안(法眼): 혜안으로 공을 보는 것으로, 자성의 공을 인식하고, 공성의
    본체를 보는 눈으로, "공이 공이 아니다."라고 볼 수 있으면 법안에 이르
    는 것임.

- 불안(佛眼): 오직 자비로써 바라보는 눈

* 견처(見處): 진정한 깨달음의 증득으로 "견처를 얻었는가?"라는 질문은 곧 "깨달음의 계기, 계시를 얻었는가?"를 뜻한다.

* 일상의 화두: 현실 세계의 문제들로 토론의 주제가 된다. 큰 화두는 한층 중요한 주제들로 최소 윤리와 최대 윤리의 간극, 공익과 사익의 조화 문제 등이 그러하다.

* 공(空)
  - 공은 존재하지 않는다는 것이 아니라 부단히 변화하여 고정불변한 것이 없다는 것이다.
  - 유위법(有爲法): 일체 존재의 본체는 실재하지 않는 무위(無爲)이며, 그 작용과 변화만이 유위(有爲)로써 실재한다. 존재의 작용과 변화는 끊임 없이 생겨나므로 유위에는 한계가 없으며 존재의 생멸 또한 끊이지 않는다.
  - 공은 방편적인 설법일 뿐, 공 그 자체가 진리인 것은 아니다.

법신과 법계 [법계통화, 法界通化]

제19품 法界通化(법계통화) '깨달음의 진리는 모든 세계에 연결되어 있다'

석가모니 붓다는 수보리와 대화를 통해, 엄청나게 많은 재물을 보시하면 많은 복덕을 얻겠지만, 재물을 보시하여 얻은 복덕은 다하여 없어지는 것이기에 실재하는 것이 아니라고 가르치고, 여래의 법신은 깨달음의 진리 그 자체로 모든 세계에 연결되어 있다고 설한다.

법은 세계 곳곳에
두루두루 연결되어 있다
[法身遍界, 通化無邊]

"수보리여, 어떤 사람이 삼천대천세계[43]에 칠보를 가득 채워 보시한다면 그 결과 많은 복을 얻겠는가?" "네, 세존이여, 그 사람은 그 인연으로 많은 복을 얻을 것입니다." "수보리여, 만일 복덕이 실재한다면 여래는 복덕이 많다고 말하지 않았을 것이다. 그러한 복덕이 없기에, 여래가 복덕을 많이 얻을 것이라 말한 것이다."

신체가 건강해야 정신도 건강하다거나 정신이 건강해야 신체도 건강하다는 생각은 몸과 마음이 분리되어 있다는 것을 전제로 한다. 몸과 마음이 둘이 아니고 하나라면 달리 생각해야 할 것이다.

마음을 비우고 순리를 따르면 걱정 근심이 없을 것이다. 정신적 고통

---

43 세계는 소세계, 수미세계, 사천하라고 부르는데, 그 모습은 우주의 넓은 공간에 풍륜(風輪: 바람)·수륜(水輪: 물)·금륜(金輪: 땅)의 3륜(三輪)과 공륜(空輪)을 더한 4륜(四輪)이 있으며 향수해(香水海)라는 바다가 있고 바다에는 사대주가 있고 사대주를 중심으로 여덟 개의 향수해가 있으며, 향수해는 일곱 겹의 칠금산이 둘러져 있다고 한다. 칠금산 밖으로 한 개의 대철위산이 해와 달보다 높이 솟아 해와 달이 비치지 못하므로 흑암지옥을 형성한다. 사대주 복판에는 수미산이란 거대한 산이 있는데 높이는 8만4,000유순(由旬, yosana)이다. 이 위에는 여섯 욕계천인 사천왕천(四天王天)·도리천(忉利天)·도솔천(兜率天)·야마천(夜摩天)·화락천(化樂天)·타화자재천(他化自在天)이 있고, 이 위에 다시 색계4천과 무색계천이 있다. 이처럼 한 세계를 구성하는 사천하가 1,000개 모인 것이 소천세계이고, 소천세계가 1,000개 모인 것이 중천세계이며, 중천세계가 1,000개 모인 것이 대천세계로 모두 3중의 대천세계를 이루기 때문에 삼천대천세계라 한다. [출처: 네이버 지식백과: 삼천대천세계(三千大天世界) (한국민족문화대백과, 한국학중앙연구원)]

과 슬픔 따위는 모두 마음의 작용과 관련이 있다. 부처는 과거·현재·미래의 마음을 얻을 수 없다고 하였다. 과거의 마음은 이미 지나갔으므로 얻을 수 없고, 미래의 마음은 아직 오지 않았으므로 얻을 수 없다. 과거와 미래의 마음을 얻을 수 없듯이, 현재의 마음은 인식하는 순간 지나가므로 잡을 수 없다.

불교에서는 지혜와 선행이 둘이 아니고 하나라고 말한다. 도덕적 관점에서 볼 때 제대로 알고 실천하는 것과 모르면서 실천하는 것 간에는 큰 차이가 있다. 실천을 통해 아는 것이 참지식이다. 하지만 많은 사람은 알고도 행동으로 옮기지 않거나 못하는 경우가 많다. 의지가 박약한 사람도 있고, 상황이 복잡하여 명확한 결단을 내리기 어려운 경우나 여러 의무가 충돌하는 상황도 있다.

공덕을 쌓는 일이 동시에 깨달음을 얻는 일이다. 금강경과 같은 경전의 의미를 머리로 이해하는 것만으로는 깨달음의 필요조건은 될지 모르나 충분조건은 되지 못한다. 깨달음을 얻어 부처가 되는 길은 머리, 가슴, 손과 발이 모두 활용되어야 한다. 지식과 정서 그리고 행동이 모두 수반되어야 가능하다. 우리는 그것을 증득이라 한다.

생각 열기

* 진정한 복보는 무엇일까요?

생각 더하기

* '아무도 소중히 여기지 않는 복'이란 어떤 복을 의미할까요?

용어 알아보기

* 복지이엄(福智二嚴)
  • 보통 사람들이 성불하기 위해서는 반드시 지혜가 장엄해야 하고 복덕이 장엄해야 한다는 것으로, 진정한 복덕이 있어야만 비로소 진정한 지혜를 얻을 수 있다는 뜻이다. 복덕과 지혜는 스스로가 받아들여 지키기 나름이다.

* reasonableness: 합당성, 순리성

서양의 합리성	동양의 합리성	prudence(신중함)
→ 효용	→ 효용+공덕(도덕성)	→ 아리스토텔레스의 지혜

* 청정무위(淸淨無爲)
  · 마음이 번뇌나 비애, 얻을 것과 잃을 것도, 영예나 모욕도 없이 깨끗이
  비어 있는 상태

부처의 형상과 이름 [이색이상, 離色離相]

離
色
離
相

제20품 離色離相(이색이상) '겉모습에 집착하지 말고 본모습을 보라'

석가모니 붓다가 수보리에게 겉으로 드러난 부처의 모습은 부처의 참모습이 아니라고 가르친다. 참모습이란 보이는 모든 모습을 두루 갖춘 모습을 말하는데, 보이는 모습을 두루 갖춘 모습이란 실제로 존재하는 것이 아니라 이름만 그러할 뿐이기 때문이다.

현상에 집착하지 말고 본질을 보라

[色相皆妄, 離妄見性]

"수보리여! 눈에 보이는 부처의 모습이 진정 부처의 모습이라고 생각하는가?" "아닙니다. 여래가 말씀하시는 '두루 갖춘 보이는 몸의 모습'이란 두루 갖춘 보이는 모습이 따로 있는 것이 아니라 그 이름만 두루 갖춘 보이는 모습이라고 하였습니다. 여래가 말씀하시는 모든 모습으로 두루 갖추었다고 하는 것은 모든 모습을 따로 갖춘 것이 아니요, 그 이름만 모든 모습으로 두루 갖추었다고 하는 것입니다."

부처가 제자인 수보리에게 이상한 질문을 한다. "수보리여! 그대는 부처가 색신을 다 갖춘 존재라고 생각하는가?" 수보리가 그렇지 않다고 대답한다. 이 대화는 석가가 제자에게 내가 완벽한 사람, 즉 부처가 되는데 완벽한 자격을 갖춘 사람이라고 생각하는가 하고 묻는 대목이다. 다시 말해 질문자가 정답을 알고 있어야 하는가 하는 질문이다.

원래 초기불교에는 성불하려면 반드시 남자의 몸이어야 한다는 편견이 있었다. 하지만 여성인 승만부인은 즉신성불했다. 이는 성불하려면 전대에 수많은 공덕을 쌓아야 하는 조건이 구비되어야 한다는 기존의 선입견을 깨뜨린 사례이다.

견혹은 편벽된 세계관으로 말미암은 번뇌이다. 사실 확인 같은, 표층만 보고 그 심층의 의미를 음미하지 않아 생긴 번뇌이다. 사혹은 세상일을 사리분별 또는 차별화하여 생긴 번뇌이다. 정보와 지식의 경로 의존성으로 말미암은 번뇌로 보인다.

견사혹은 간화선의 화두들이다. 당대의 현안들이 화두였는데, 임진왜란 때 최고의 화두는 스님들도 살생을 할 수 있는가였다. 사임당, 서산대사 등이 그러한 화두에 실천을 통하여 몸으로 대답했다. 화두는 방편이고 불교에서 최고의 방편은 공 사상이다. 화두가 공안이고 공안선은 간화선이다.

질문 형태의 화두인 공안은 공공문서에 비유하여 그 권위를 나타낸 표현이다. 스승은 제자에게 화두, 공안을 통하여 일종의 문제의식을 전해주었다. 그러다가 후대에 일상의 생활 모두가 화두로 등장하면서 형식화되었다. 일종의 교리문답식이 된 것이다.

이러한 형식주의를 타파하기 위해 등장한 것이 불립문자이다. 공안을

매개로 끊임없이 의심을 이어 가야 한다는 것이다. 그러니까 크게 의심
할수록 크게 깨친다는 의식이 생긴 것이다.

📖 생각 열기

* 부처가 되려면 자격이 필요한가요?

📕 생각 더하기

* '세상의 육신 보살'은 어떤 모습을 하고 있을까요?

📋 용어 알아보기

* 설두선사(雪竇禪師): 달마대사의 수행법을 전파한 승려
  · 공안 → 화두 → 간화
  · 공안선
    ① 공안이란 공공문서가 지닌 권위에 비유한 것이다.
    ② 스승이 제자에게 문제의식을 불러일으킨 것이다.
    ③ 후대 일상의 생활 모두가 화두로 등장한다. 스승과의 문답으로 전개
       되어 형식화된다(문자화두, 교리문답식).
    ④ 공안을 방편 삼아 끊임없이 의심하고 탐구한다(형식타파).
    ⑤ 크게 의심함으로써 크게 깨친다.

말로 할 수 없는 것 (비설소설, 非說所說)

非說所說

제21품 非說所說(비설소설) '말로 설명할 수 없는 것과 말로 설명할 수 있는 것'

석가모니 붓다는 수보리와의 대화를 통해, 깨달음의 진리는 법으로 정해져 있는 것이 아니고, 중생 또한 이름이 그러할 뿐 중생으로 정해져 있는 존재는 없다고 가르친다. 깨달음의 진리는 법이라 이름할 뿐 말로 설명할 수 있는 법이 따로 있는 것이 아니기 때문이다.

어떤 말로도 설명할 수 없는 법
[法無可說, 所說非法]

"수보리여, 깨달음의 진리란 어떤 말로도 설명할 수 없는 법이므로 법을 말한다고 불릴 뿐이다." "세존이시여, 후에 이 법을 듣고 믿는 중생이 있겠습니까?"라고 수보리가 묻자, "수보리여, 그들은 중생이 아니고 중생이 아닌 것도 아니다. 중생을 중생이라 하는 것은 그 이름만 중생이라 하기 때문이다."

언어가 의사소통에 도움을 준다는 것은 누구나 알고 있다. 그러나 다시 생각해 보면 말이나 글은 말하고자 하는 내용이나 의미 그 자체가 아니라 이를 상징하는 수단인 기호이다. 우리가 사용하는 말이나 글에 관한 의미가 사람마다 똑같지 않아 오해를 불러일으키는 경우도 많다.

근대화 시대에는 모든 용어에 단일한 의미를 부여하려고 시도하기도 하였다. 그러나 그러한 시도는 성공하지 못하였다. 오히려 오늘날에는 언어 중심주의의 문제점을 지적하는 사람이 많다.

부처는 사성제, 팔정도 등 최초의 설법을 한 이후 40년 이상 설법을 하였다. 하지만 금강경에는 부처가 자신은 한 번도 설한 바가 없다고 말한다. 이것은 '설법의 역설'이다. '설법의 역설'이란 설법은 진리, 깨우침 등을 전하기 위한 방편으로 말한 것이므로, 자신이 말한 것에 집착하지 않도록 하기 위하여 스스로 설법을 부정하는 것을 말한다. '설법의 역설'이 주는 의미는 언어 중심주의에서 벗어나라는 것이다. 언어의 한계를 지적하고 있다.

경우에 따라 아무 말도 하지 않는 것이 적절한 설명이 되는 경우도 있다. 또한 수업을 하며 학생들에게 주어진 지식을 주입하는 일이 교사에게는 벌을 받는 일처럼 느껴질 수도 있다.

설법은 필요하다. 그러나 최고의 교수법은 가르치지 않는 듯이 가르치는 것이다. 부처가 행한 최고의 설법은 '염화시중의 미소'로 알려져 있다. 이렇듯 깨달음의 최고 경지는 본래 말로 표현할 수 없을지도 모른다.

수행자들은 다양한 자질을 지니고 있다. 하지만 그들 모두에게는 부처가 될 잠재력이 있다고 보아야 한다. 어떤 수행자는 가르치지 않아도 스스로 깨달을 수 있다. 가장 바람직한 경우일 것이다.

수행자들의 자질은 다양하다. 형체를 가진 불상을 부처로 아는 낮은 수준, 현상에 집착하지 않고 심층의 의미를 아는 수준, 타율의 단계를 벗어나 자율의 단계로 도약한 수준, 자신의 한계를 넘어서서 상대적인 대상들의 세계를 초월하는 경지 등이 있다.

극단적인 경우는 악행을 저지른 적이 있는 수행자의 경우이다. 범죄자도 부처가 될 수 있는가? 부처는 원래 그런 일이 가능하다고 말한 것으로 알려져 있다. 개과천선의 경우인데 악행에 물든 만큼 이를 떨쳐 내기란 더더욱 어려운 일일 것이다.

📖 생각 열기

* 부처는 31살에 도를 깨친 후 80세 열반에 들 때까지 49년간 설법을 했다고 합니다. 그런데도 부처 자신이 절대 설법을 했다고 생각하지 말라고 했는데, 왜 그런가요?

> 달을 가리키는 손가락
> 손가락을 보지 말고 달을 보라!
> 달을 보아야지 손가락을 보아서는 안 된다.

* 진정한 교육자란 어떤 사람일까요?

> 평등성의 깨달음
>
> 내가 없으면 다른 사람들도 없고, 사람들이 없으면 다른 생명체도 없고 다른 생명체가 없으면 우주도 없다. 번뇌도 없고 아무것도 없다.
> 학생이 없으면 교사도 없고, 교사와 학생이 없으면 학교도 없다.
> 학생이 학교를 위하여 존재하는 것이 아니라 그 반대이다.

* 불교에서 말하는 '최고의 교수법'은 어떤 것이라고 생각하나요?

* '뗏목의 비유'란 무엇인가요?

생각 더하기

* "일체 중생은 중생이 아니므로 다른 사람을 업신여기지 말아야 한다. 일체 중생은 모두 부처이기 때문이다."라는 말은 무엇을 의미할까요?

용어 알아보기

* 37도품(三十七道品): 초기불교의 '깨달음(도, 보리)에 이르는 37가지의 수행법'
  · 『아함경』: 4념처(四念處, 四念住), 4정단(四正斷, 四正勤), 4신족(四神足, 四如意足), 5근(五根), 5력(五力), 7각지(七覺支, 七覺分), 8정도(八正道) 의 37가지

* 유식에서 말하는 평등성지(平等性智)
  · 내가 없으면 사람도 없고, 사람이 없으면 그도 없고, 중생상도 없으며, 번뇌도 없고, 일체의 것이 모두 없다. 일체가 모두 공(空)인 것이 바로 무중생상(無衆生相)이다.
  · "학생 없이 교사 없고, 교사 없이 학생 없다."

달을 가리키는 손가락 [무법가득, 無法可得]

제22품 **無法可得(무법가득)** '어떤 법도 말로 얻을 수 있는 것은 없다'

석가모니 붓다는 수보리가 깨달음의 진리는 말로 설명할 수 없는 법이라고 한 석가모니 붓다의 가르침에 따라, 가장 높고 바른 깨달음을 얻었다는 것은 결국 어떠한 법도 얻은 것이 없다는 뜻이냐고 묻자, 그렇다고 답한다. 가장 높고 바른 깨달음은 말로 설명할 수 있는 법이 아니기 때문이다.

깨달음을 얻는다는 것은
어떤 법도 얻은 것이 없다는 것
[悟性空故, 無法可得]

"세존이시여, 부처님께서 가장 높고 바른 깨달음을 얻으셨다는 것은 얻은 것이 없다는 것입니까?" 수보리가 부처에게 묻자 답하길 "옳다. 옳다. 수보리여, 나는 가장 높고 바른 깨달음에서 작은 법 하나도 얻은 것이 없다. 그렇기에 가장 높고 바른 깨달음이라고 하는 것이다."

달을 보아야지 달을 가리키는 손을 보아서는 안 된다. 그러함에도 사람들은 달은 보려 하지 않고 달을 가리키는 손가락을 보고 전부라고 생각한다. 손가락과 달의 관계를 보라. 우리가 공부하는 현실적인 이유나 목적은 성적, 취업, 부귀, 명예 등이라고 할 수 있다. 그렇다면 공부하여 얻고자 하는 최고의 경지나 이상은 무엇일까?

수업을 듣는 학생들은 교사의 말에 귀를 기울인다. 그리고 주어진 문제를 풀면서 공부를 끝냈다고 생각한다. 정작 그런 공부를 왜 하고 있는지 생각하는 학생은 찾아보기 힘들다.

교사는 학생들이 어떤 문제를 쉽게 풀고 어떤 문제를 풀기 어려워하는지 확인한다. 그런 다음 난도가 높은 문제들을 따로 모아 학생들 수준에 맞게 다시 설명해 준다. 그런데 어떤 학생은 수업에서 들을 것이 없다고 한다. 그런 학생들은 시간을 낭비하고 있는 것인지도 모른다. 오히려 그 시간에 더 창의적인 일을 하는 것이 나을 것이다.

교사가 가르쳐 준 것만을 이해하고 시험 문제에 적용하고 좋은 성적을 받는 학생들을 모범생이라고 한다. 하지만 학교의 모범생이 사회생활에서도 모범적인 시민이 되지 못하는 이유는 무엇인가? 하나를 배워 하나를 이해하는 것만으로는 복잡한 사회생활에 제대로 적응하기 어렵기 때문이다. 하나를 배우면 열을 알지는 못하더라도 두세 개는 알아야 자격 있는 시민의 의무를 다할 수 있을 것이다.

이론과 실제는 다르다. 이상과 현실 간에도 간격이 있기 마련이다. 경험과 식견은 실생활의 생생한 경험을 통해서만 기를 수 있다. 탁상공론의 수준을 벗어나려면 현장에 뛰어들어야 한다. 깨달음의 세계도 마찬가지이다. 수행자가 아무리 이론에 밝아도 소용이 없다. 그것은 달을 보려 하지 않고 달을 가리키는 손가락을 보는 수준에 불과하다.

그래서 수행자 중에는 스승의 가르침 때문에 오히려 편견과 선입견을 갖게 되었다고 생각하는 사람도 있다. 전통 사회의 서당 선생도 말했다. "나는 '바담 풍' 해도 너는 '바람 풍' 하라!", "내가 개떡같이 말해도 너는 찰떡같이 알아들어라."라고.

📖 생각 열기

* 대철대오하여 아누다라삼먁삼보리를 증득했는데도 얻은 바가 없다는 것은 무슨 의미인가요?

* '아무 법도 얻을 것이 없다'라는 말은 무슨 의미일까요?

📖 생각 더하기

* 부처는 어떤 법도 말할 수 있는 방법이 없다고 했습니다. 이 말이 뜻하는 바는 무엇이라고 생각하나요?

* 지금 현재 자신의 '화두'는 무엇인가요?

📖 용어 알아보기

* 화두(話頭): 특정한 공안이 학인의 내면에 투철한 문제의식으로 응집된 것을 말함

누구에게나 있는 착한 마음 [정심행선, 淨心行善]

제23품 淨心行善(정심행선) '깨끗하고 맑은 마음으로 선을 행하다'

석가모니 붓다가 수보리에게 가장 높고 바른 깨달음은 차별이나 집착이 없는 법이라고 밝힌 다음, 청정한 마음으로 일체의 상에 얽매이지 않고 착한 행위를 실천하면 가장 높고 바른 깨달음을 얻을 것이라고 설한다.

깨끗하고 맑은 마음으로 모든 선을 행하여라
[以淸淨心, 行諸善法]

"수보리여, 이 법은 평등해서 높고 낮음이 없기에 가장 높고 바른 깨달음이라 불리는 것이다. 여기엔 무아, 무인, 무중생, 무수자로써 일체의 선을 수행하면 곧 가장 높고 바른 깨달음을 얻을 것이다. 이렇게 말하는 선한 법도 여래는 그저 이름이 선한 법이라 한다."

'평등해서 높고 낮음이 없이'란 무아·무인·무중생·무수자로써 막힘이나 걸림이 없는, 심지어는 기존의 도덕 질서에도 집착하지 않는 자유로운 경지를 말한다. 보살이나 부처가 되려면 악을 행하지 말고 선을 행하라. 누구라도 훌륭한 인격체가 될 수 있다. 하지만 사람들은 교과서적인 사람을 꽉 막힌 사람이라고 답답해한다. 융통성이 없는 사람을 싫어한다.

현실을 있는 그대로 관찰하고 서술하는 일은 중요하다. 교과서와 현실은 다르다는 것을 아는 것도 중요하다. 동시에 누구나 선한 마음을 가지고 있고 좋은 인격체가 될 잠재력이 있다는 것을 아는 것도 중요하다.

가정에서는 부모님이 도덕만 공부해서는 안 된다고 말한다. 하지만 학교에서는 사람다운 사람, 시민다운 시민이 되어야 한다고 가르친다. 어느 쪽 장단에 맞추어 춤을 추어야 할까? 어느 쪽도 잘못된 말은 아니다. 교과서를 배우더라도 어떻게 배우느냐가 중요하다. 도덕 공부를 많이 하면 도덕적인 사람이 될까? 이 질문은 아래와 같이 명료화할 필요가 있다.

1) 무엇이 도덕적인 것인지 모르면서도 도덕적인 행동을 하기만 하면 도덕적인 사람이 될까?
2) 도덕 지식은 많지만, 그것을 행동으로 실천하지 않는 사람을 도덕적인 사람이라고 할 수 있을까?
3) 도덕적으로 알고 행동하지만 스스로 우러나서 그렇게 한 것이 아니라 누가 시켜서 한 것이라면 진정으로 도덕적인 사람이라고 할 수 있을까?
4) 도덕적 지식도 많고 행동으로 실천도 하지만 단지 도덕 법칙에 따라

서 그렇게 했다면 진정으로 도덕적인 사람이라고 할 수 있을까?

5) 평소에는 전혀 그렇지 않지만 어떤 중요한 시기에 어쩌다 한 번 자기 몸을 바쳐 도덕적인 행동을 했다면 도덕적인 사람이라고 할 수 있을까?

6) 다른 사람에게 피해를 주는 행동은 하지 않지만 자기가 손해 보는 행동은 결코 하지 않는 사람도 도덕적인 사람이라고 할 수 있을까?

📖 생각 열기

＊ 부처는 금강경에서 머물지 말고 집착하지 말라고 하였습니다. 집착하지 않는 것이 공(空)이라고 하는데, 여러분이 생각하는 공이란 무엇인가요?

📖 생각 더하기

＊ '악을 행하지 않고 선을 받들어 행할 수 있는 방법'에는 어떤 것들이 있을지 구체적인 방법을 제시해 보세요.

📖 용어 알아보기

＊ 사지: 번뇌에 오염된 팔식(八識)을 질적으로 변혁하여 얻은 네 가지 청정한 지혜[44]

---

44 네이버 백과사전 수정 인용 https://terms.naver.com/entry.nhn?docId=900539&ref=y&cid=50763&category Id=50784

- 대원경지(大圓鏡智): 오염된 아뢰야식(阿賴耶識)을 질적으로 변혁하여 얻은 청정한 지혜로 아뢰야식에서 오염이 완전히 제거된 상태
- 평등성지(平等性智): 오염된 말나식(末那識)을 질적으로 변혁하여 얻은 청정한 지혜로, 자아에 대한 집착을 떠나 자타(自他)의 평등을 깨달음
- 묘관찰지(妙觀察智): 오염된 제육식(第六識)을 질적으로 변혁하여 얻은 청정한 지혜로, 모든 현상을 잘 관찰하여 자유자재로 가르침을 설하고 중생의 의심을 끊어 줌
- 성소작지(成所作智): 오염된 전오식(前五識)을 질적으로 변혁하여 얻은 청정한 지혜로, 중생을 구제하기 위해 해야 할 것을 모두 성취함

＊ 개과천선(改過遷善): 잘못을 고치고 착한 길로 들어서는 것
- 과거에 저지른 악업(惡業)을 진심으로 참회(懺悔) 반성하고 다시는 악업을 짓지 아니하며 선업(善業)을 쌓아 간다.
- 악한 마음이 자주 생겨 없애기 힘들 때 정성스럽게 심고를 올려 그 마음이 나지 않게 하고 선심(善心)으로 돌아간다.
- 악을 범하지 아니하려 하나 전일의 습관으로 그 악을 자주 범하게 되는 경우 그 죄과를 실심(實心)으로 고백하고, 악업을 소멸시키고자 절실하게 노력한다. 선행을 실천하려는 노력을 꾸준히 하여 개과천선의 힘을 쌓는다.[45]

---

45 네이버 백과사전 수정 인용 https://terms.naver.com/entry.nhn?docId=2110299&cid=50765&categoryId=50778

법보시의 복덕(복지무비, 福智無比)

福

智

無

比

제24품 福智無比(복지무비) '법보시의 복덕은 비교할 바 없이 크다'
석가모니 붓다가 수보리에게 반야바라밀경의 사구게를 받아 지키고 독송하며 이를 다른 사람들에게 전해 주어 쌓는 공덕은 너무나 커 많은 재물을 보시하여 쌓은 공덕과 비할 바가 아니라고 설한다.

복과 지혜는 비교할 수 없으며
경전을 말해 주는 공덕은 크다
[福智甚大, 無物可比]

"수보리여, 만일 많은 칠보를 모아 보시하였다고 하고, 또 『반야바라밀경』에 있는 사구게를 받아 읽고 외우며 다른 사람을 위해 말해 준다면, 앞서 말한 복덕과 비교할 수가 없을 정도로 크다."

악행을 저지르지 않는 일과 선행을 하는 일이 공덕을 쌓는 일이다. 최소 도덕은 우리가 해야 할 마땅한 도덕적 의무이다. 최대 도덕은 인간다운 인간이 되기 위한 도덕적 책임이다.

자신과 타인의 상호 이익을 도모하거나 공익과 사익의 조화를 모색하는 일은 공리와 효용을 따지는 공리주의적 생각이다. 이런 생각은 도덕적 의무를 뛰어넘는 최대 도덕을 요구하지 않는다.

앞에서 재물을 베풀어 주는 재보시와 지혜를 알려 주는 법보시를 이야기하였다. 어느 쪽이 더 중요할까? 일반적으로 법보시가 재보시보다 더 중요하다고 알려져 있다.

문화와 교육을 통한 보시가 물질적 재화를 통한 보시보다 가치가 있다고들 흔히 말한다. 물고기를 주는 것보다 물고기 잡는 법을 가르쳐 주는 것이 더 큰 가치를 지닌다고 보기 때문이다. 하지만 생활이 궁핍하여 의식주 문제조차 해결하기 어려운 사람들에게는 장기적으로 더 큰 가치가 있는 법보시보다 재보시가 더욱 절박하게 요구된다. 그들에게는 몸과 마음의 여유가 없다.

경전을 작은 목소리로 소리 내어 읽는 것이 독이고, 경전을 큰 소리로 읽는 것이 송이며, 이 두 가지를 합쳐 독송이라고 한다. 경전 암기에는 눈으로만 읽는 묵독보다는 낭송이 더 효과가 있다.

생활의 여유가 없는 절박한 사람들에게는 독송이든 낭송이든 가까이 느껴지지 않는다. 굶어 죽어 가면서도 재물보다 지혜를 구하려는 사람이 있다면 비현실적이지만 칭송받을 만하다.

* "홍복(재물)과 청복(지혜)은 비교할 수 없다."는 것은 무슨 의미일까요?
* 금강경을 읽을 때 소리를 내어 낭송할 필요가 있나요? '수지독송'은 왜 필요 할까요?

* 교육의 역량이나 물질적 보시에 대한 여러분의 생각을 말해 보세요.

* 진정한 복보란 어떤 것인가요?

🧑‍🏫 생각 더하기

* 악을 행하지 않는 것(예: 해악 금지의 원칙)은 소극적인 것이요, 선을 받들어 행하는 것(예: 사랑의 원칙)은 적극적인 것이라고 합니다. 오늘 나의 행동을 돌아보고 나는 어떤 사람인지 말해 봅시다.

📋 용어 알아보기

* 수지독송(受持讀誦)
  항상 경전을 읽고 공부하며 경전의 가르침대로 살아가기 위해 노력하는 것 으로서, 경전을 마음속에 새기며 읽거나 외우는 것.

* 복덕(福德)
  복중의 복 ⇒ 지혜의 복 ⇒ 복지(福智): 내가 나의 것을 얻는 것
  재보시 VS 법보시: 내가 나의 것을 남에게 주는 것
  ⬇
  복지(福智)가 있어야 보시를 할 수 있다.
  이를 위해서는 나에게 홍복이 있어야 하나, 남에게는 재보시를 할 수 있어 야 한다.

교화 없는 교화(화무소화, 化無所化)

제25품 化無所化(화무소화) '교화하여도 교화되는 것은 없다'

석가모니 붓다가 수보리에게 여래는 중생을 교화한다고 하지만, 깨달음의 진리는 말로 할 수 없는 법이고 중생은 이름이 그러할 뿐 중생으로 정해져 있는 존재는 없는 것이므로, 교화하여도 교화되는 없다고 설한다.

교화를 해도 교화한 것이 없는 교화
[聖凡同性, 化無所化]

"수보리여, 여래가 중생을 제도한다고 말하지 말라. 왜냐하면, 여래가 제도한 중생이 실제로 없기 때문이다. 만일 여래가 제도한 중생이 있다고 하면, 곧 여래에게도 자아, 개아, 중생, 영혼이 있다는 집착이 있는 것이다. 보통 사람들은 자아가 있다고 집착하는데, 보통 사람들이란 것도 그 이름만 보통 사람들이라 하는 것이다."

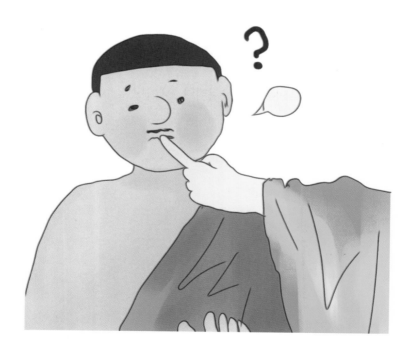

언어도단이라는 말이 있다. "어이가 없어 말문이 막힌다."라는 의미를 지닌 말이다. 하지만 다른 의미는 궁극적 진리를 언어로는 설명할 수 없다는 뜻이다.

부처는 40년 이상 설법을 하였어도 스스로 법을 설한 것이 없다고 하였다. 교화하였지만, 교화한 것이 없다는 의미이다. 본래 세상에는 교화가 필요한 중생이 없다는 의미도 된다.

모든 사람에게는 스스로 깨달을 수 있는 잠재력이 있다. 자신이 다른 사람을 교화시킬 수 있다고 생각한다면 자만에 불과하다. 누구나 스스로 깨달을 뿐이다. 아무도 타인을 위하여 대신 깨달아 줄 수 없다. 부처가 말한 설법의 내용도 모두 부처 자신의 경험을 고백한 것일 따름이다.

그래서 부처와 보통 사람은 종이 한 장 차이라는 말도 가능하다. 누구에게나 부처가 될 수 있는 잠재력이 있고, 언제라도 그것을 드러내기만 하면 바로 부처이기 때문이다. 깨달음이 있으면 부처이고 그것이 없으면 보통 사람이다. 깨달음의 내용은 무엇일까? 세상에서 사물이든 마음이든 변화하지 않는 것은 없다는 것이다. 내가 소유하고 있다고 생각하는 것도 본래 전혀 그렇지 않다는 것이다.

📖 생각 열기

* 부처가 말하는 '교화함이 없는 교화'란 무엇인가요?

＊ 도(道)를 깨치면 마음이 곧 부처라고 하고, 도를 깨치지 못하면 부처 역시 범부라고 합니다. 마음과 부처 그리고 중생은 차별 없이 평등하다고 하는데, 여러분의 생각은 어떠한가요?

생각 더하기

＊ '자성(自性)으로 스스로 제도하고 스스로 구제해야 한다.'는 것이 의미하는 바가 무엇인지 생각해 보세요.

용어 알아보기

＊ 범부(凡夫): 일반인을 말함

＊ 부처의 설법: 49(혹은 45)년간 이루어짐
  • 세간(世間) 일체는 무상하여 어떤 것에도 머물 수 없고, 어떤 것도 변하는 않는 것이 없으며, 어떤 것도 나에게 속하지 않는다.
  • 인세간(人世間) 일체는 모두 고통이며, 어떤 것에도 궁극적인 쾌락과 행복이 없다. 일체는 모두 공(空)으로서 파악할 방법이 없으며, 모두 변해가며, 변하고 나면 아무것도 붙들 수 없다. 붙들 수 없는 이 상황, 이 경계가 곧 공이다. 그러므로 무상(無常), 고(苦), 공(空), 무아(無我)는 결국 본래 무아이다.

겉모습과 본모습 (법신비상, 法身非相)

法
身
非
相

겉모습만으로 여래를 보아서는 안 된다
[淸淨法身, 非屬相貌]

부처가 수보리에게 이르길, "수보리여! 32가지 신체적 특징으로 여래를 볼
수 있다면 전륜성왕도 여래라 할 것이다." "만일 보이는 모습으로 나를 찾거
나, 음성으로 나를 찾으면 이는 잘못된 길을 가는 사람이니 여래를 볼 수 없
을 것이다."

부처는 잘생겨서 부처가 되었을까? 부처의 모습을 32가지 특징으로 서술해 왔다. 부처의 신체에서 발견되는 특징을 눈으로 보거나 상상한 다고 부처를 만날 수 있는 것일까? 부처의 신체적 겉모습으로 부처의 참 모습을 판단해서는 안 된다. 머리와 가슴 그리고 손과 발로 지혜와 공덕을 쌓아야 부처의 참모습을 볼 수가 있다.

부처의 법신은 부처의 말을 기록한 경전이다. 앞에서도 말했듯이 법신인 경전만 이해한다고 부처와 같이 될 수 있는 것은 아니다. 지혜와 더불어 실천을 통한 공덕을 쌓아야 한다.

전륜성왕은 무력이 아니라 지혜로 다스리는 지도자상이다. 그의 겉모습은 부처의 모습을 닮았다. 유교의 덕치를 실천하는 지도자의 모습과도 유사하다. 하지만 역사적으로 전륜성왕을 자처한 인물들은 대개 독재자였다. 자신이 부처라고 주장한 궁예나 '짐이 곧 국가'라고 말한 루이 14세 모두 독재자였을 따름이다.

반면 동양에서 최고의 우정을 지닌 사례로 전해 오는 관포지교의 주인공인 포숙아는 평생 관중을 일방적으로 도왔을 뿐이지만 그의 음덕은 10대 후손들에게까지 미쳤다고 한다. 음덕이란 대가성 없이 쌓은 덕이다. 불교 용어로 말한다면 홍복이 아닌 청복을 받은 셈이다. 부처의 참모습은 겉모습이 아니라 경전 속의 지혜에서 찾아야 한다.

📖 생각 열기

＊ '본다[見]'는 것은 무엇을 본다는 것일까요?

＊ 부처가 수보리에게 "이렇게 말해도 옳지 않다 하고, 저렇게 말해도 옳지
않다."라고 합니다. 그렇게 말하는 이유는 무엇일까요?

생각 더하기

＊ '불경에 나타난 부처의 교육 방법'은 무엇인지 알아봅시다.

용어 알아보기

＊ 전륜성왕(轉輪聖王)

고대 인도의 이상적 제왕으로 무력을 이용하지 않고 전 세계를 평정했으
며, 32상(相: 신체의 특징)·7보(寶)를 갖추고, 무력에 의하지 않고 정법에
의해 세계를 지배한다.

＊ 정혜쌍수(定慧雙修)

선정(禪定)과 지혜(智慧), 즉 교학(教學)을 함께 닦는 불교의 수행법으로,
어느 한쪽에 치우치지 않고 원만하게 수행해 가는 것이다.(=정혜등지)

＊ 명심견성(明心見性)

본래의 마음을 밝히고 불성을 본다는 뜻으로, 성불(成佛)의 실상을 설명한다.

＊ 근본지(根本智)

집착에서 벗어난 지혜, 번뇌와 망상이 일어나지 않는 지혜를 가리킨다. 모
든 분별을 끊어 내야 이룰 수 있는 지혜이기 때문에 무분별지라고도 한다.
가장 높고 바른 깨달음을 얻기 위해서는 모든 분별을 끊어 일체에 집착하
지 않고 일체에 얽매이지 않아야 한다.

잘못된 깨달음과 참된 깨달음 [무단무멸, 無斷無滅]

깨달음을 얻는 것은 끊어 없애는 것이 아니다
[依法修持, 不應斷滅]

"수보리여! '여래는 신체적 특징을 원만히 갖추지 않았기 때문에 가장 높고
바른 깨달음을 얻었다.'고 생각하지 말라. 가장 높고 바른 깨달음의 마음을
낸 자는 끊어 없애는 법으로써 하는 것이 아니기 때문이다."

　우리는 몸으로 받아들이는 감각 자료가 불완전하고 우리의 마음의 작
용도 완전하지 못하다는 것을 알면서도 잘못된 방향으로 깨달음을 얻게
될 수가 있다. 빈손으로 왔다가 빈손으로 가는 인생인데 무슨 미련을 가
질 필요가 있을까 하면서 말이다.

세상에 가치 있는 일이 아무것도 없구나 하는 허무주의나 회의주의에 빠지는 것이 그것이다. 죽으면 그만인데 착하게 살면 어떻고 악하게 살면 또 어떠한가? 이런 생각을 가치 상대주의라고 표현한다. 올바른 삶의 방향은 없다는 생각이라고 말할 수 있을 것이다.

이렇게 인과와 선악을 무시하는 태도는 잘못된 깨달음이다. 죽으면 끝이라는 생각은 인간의 의식과 의지를 인정하지 않는 유물론적 사고와 맥을 같이한다. 사람조차도 사물로 바라보는 시각이다.

우선 우리는 인간인 이상 인간 중심주의를 벗어나기 어렵다. 그러함에도 불구하고 인간은 생태계 전체의 변화를 바라보면서 위기의식을 가지고 우리 자신을 중심으로 생각하는 사고의 위험을 자각한다.

온 세상을 다 주어도 내가 없으면 아무 소용이 없다는 것을 잘 알고 있으면서도 나 자신만이 아니라 타인들의 처지에 공감하며 살아가는 것이 또한 우리 인간이다. 세상에서 진정으로 내가 소유할 것이 아무것도 없고 모든 것이 항상 변화 속에 있다는 것을 잘 알고 있으면서도 변하지 않는 영원한 세계를 꿈꾸고 있는 것이 또한 우리 인간이다.

생각 열기

* 공(空)을 아무것도 존재하지 않는 것이라고 생각한다면 그것은 공견이 아니라 단멸견이라고 해야 한다고 하는데, 공견과 단멸견의 의미는 무엇인가요?

생각 더하기

* '상에 집착하지 않으면서 부처를 볼 수 있고 대철대오할 수 있는 방법'에는 무엇이 있을까요?

용어 알아보기

* 두타승: 고행하는 승려로 여러 곳을 돌아다니며 수행하는 행각승, 음식을 빌어먹는 걸식승 등이 있다.

텍스트 논리와 콘텍스트 맥락 (불수불탐, 不受不貪)

제28품 不受不貪(불수불탐) '참된 보시는 복덕을 바라지 않는 것이다'

석가모니 붓다가 수보리에게 보살은 오래도록 여러 가지 보시를 베풀어 크고 훌륭한 복덕을 쌓지만, 복덕을 받지 않는다고 가르치고, 그 이유를 복덕에 집착하거나 탐욕을 부리지 않기 때문이라고 설명한다.

보살은 자신의 복덕에 집착하지 않는다
[一塵不染, 何貪何受]

"수보리여! 모든 보살은 복덕을 받지 않는다. 왜냐하면, 보살은 지은 복덕에 탐욕을 내거나 집착하지 않기 때문이다. 그래서 복덕을 받지 않는다고 하는 것이니라."

중국의 사찰에는 설법당이 있고, 따로 강경당이 있다고 한다. 강경당에서는 경전을 중심으로 부처나 큰스님들이 말한 것을 근거로 토론이 벌어진다. 설법당에서는 텍스트를 다루지 않는다. 참석자 자신의 깨달음과 공부 그리고 경험 등을 자유롭게 토론한다.

강경당에서는 텍스트 중심의 토론이 벌어지고, 설법당에서는 콘텍스트 중심의 토론이 벌어진다. 물론 텍스트 중심이라고 하여 콘텍스트가 다루어지지 않는 것은 아니며, 콘텍스트 중심이라고 하여 텍스트가 배제되는 것은 아니다.

잠시 텍스트와 콘텍스트 간의 관계를 생각해 보자. 우리가 말과 글로 된 것들만을 텍스트로 볼 것이냐 아니면 법과 제도 그리고 문화적 전통과 역사, 나아가 보고 듣고 느낀 과거와 현재의 경험 모두를 텍스트로 볼 것이냐에 따라 양자의 관계는 사뭇 달라질 것이다.

하이퍼텍스트의 시대에는 텍스트의 외연도 넓어지고 콘텍스트도 변화하는 속도와 범위가 크게 달라진다. 늘 우리는 새로운 경험을 접하고 새로운 역사를 써 나가게 된다. 과거의 마음은 지나가서 잡을 수 없고, 현재의 마음은 계속 변하고 있어서 잡을 수 없고, 미래의 마음은 아직 오지 않아서 잡을 수 없다.

다른 한편 넓은 의미에서는 콘텍스트도 텍스트이고 하이퍼텍스트도 텍스트이다. 말과 글로 된 텍스트가 문자 중심주의라는 비판을 받고 있지만 넓은 의미에서는 도형과 수 그리고 '기호의 기호'들도 모두 또 다른 형태의 문자일 따름이다.

공동체에서의 토론은 이러한 과거와 현재, 미래의 마음이 움직이며 진행된다. 다수 의견이 소수 의견이 되고, 소수 의견이 다수 의견이 된다. 전쟁이나 천재지변이 아니라 세월호 사건, 코로나19 사태와 같은 특이한 사건들이 사람들의 마음을 전혀 다른 방향으로 이끌어 간다.

텍스트의 시대를 지나 콘텍스트의 시대를 거쳐 하이퍼텍스트의 시대를 살아가는 우리에게 탐구 공동체의 의미는 차별화되어야 한다. 텍스

트로 콘텍스트를 이해하거나, 콘텍스트로 하이퍼텍스트를 이해할 경우
생겨나는 시행착오를 어떻게 줄일 수 있을까?

📖 생각 열기

＊ 부처는 생각을 잘 보호하고[선호념(善護念)], 응하되 머무는 바 없이 마음
  이 생기며, 일체에 집착하지 말며 상을 갖지 말라고 했는데, 이 말이 의미
  하는 바가 무엇인가요?

＊ 왜 번뇌와 망상을 끊어 버려야 할까요? 그 이유는 무엇인가요?

📕 생각 더하기

＊ '스스로 깨닫고 스스로 증득할 수 있는 방법'에는 어떤 것들이 있을까요?

📋 용어 알아보기

＊ 인보살(因菩薩): 일체의 중생이 단지 보살의 영성만 갖추고 있는 상태

＊ 과보살(果菩薩): 보살의 경지를 취한 상태

＊ 무생법인(無生法忍): 일체의 것이 불생불멸임을 인정하는 것

＊ 선호념: 생각을 잘 보호하는 것＝일념: 초발하던 순간의 한 생각

* 무념(無念), 무심(無心)
  - 모든 번뇌와 망상, 욕망을 떠난 마음
  - 삿된 생각이 없는 마음
  - 거짓됨이 없는 순수한 마음

* 무주(無住): 집착하지 않아 머무름이 없는 것

여래의 의미 (위의적정, 威儀寂靜)

제29품 威儀寂靜(위의적정) '오고 감의 흔적이 없이 고요하다'

석가모니 붓다가 수보리에게 부처는 여실히 오는 자, 진여에서 오는 자라는 의미에서 여래라고 하지만, 이름이 그러할 뿐이고, 부처는 오고 감에 얽매이지 않고 따라서 여래의 오고 감에는 흔적이 없다고 설한다.

오는 것도 없고 가는 것도 없다
[眞性寂靜, 不假威儀]

"수보리여! 여래란 온 곳도 없고 또한 간 곳도 없기에 여래라 불리는 것이다."

여래는 법신이자, 화신(응신)이며, 보신이다. 이런 말을 들으면 그리스도교에서는 삼위일체를 떠올릴 것이다. 성부와 성자와 성신의 삼위일체이다. 『중용』에도 비슷한 구절이 있다. "하늘이 명령한 것이 성이요, 성을 따른 것이 도이며, 도를 닦는 것이 교이다." 순리를 달리 표현하고

있다. 억지로 무엇인가를 하려 하지 않는 것이 순리요 무위요 여래이다.

물리적 대상들 그리고 그것에 반응하는 인간의 욕망이 우리를 오류에 빠뜨린다. 그렇게 되지 않으려면 가치중립을 지켜야 한다. 가능한 일일까?

과학자들은 가치중립을 주장해 왔다. 자연 현상이든 사회 현상이든 편견이나 선입견 없이 제3자적 입장에서 관찰하고 서술하는 자세가 가치중립이다. 가치 개입과 반대이다. 관찰한 내용을 서술하는 과정까지 가치를 개입하지 않을 수 있다면 과학자들은 도덕적 책임으로부터 상대적으로 자유로울 수가 있다.

문제는 다음이다. 관찰하고 서술한 결과를 바탕으로 미래를 예측하고 현실을 통제하려 하면 가치 개입은 불가피하기 때문이다. 그래서 과학자들은 예측과 통제 측면은 사회적 활동가들에게 떠넘기고자 했다.

가능했을까? 여래나 부처는 가치중립의 단계에 만족하면서 가치 개입으로부터 면책을 받아 사회적 책임을 벗어날 수 있었을까? 역설적 화두이다.

📖 생각 열기

* 무엇을 일러 무심이라 할까요?

📖 생각 더하기

* '오지도 않고 가지도 않는 것'이란 무슨 의미일까요?

* 여래와 중생에게는 법신(法身), 화신(化身), 보신(補身)의 세 몸이 있다고
  한다.
  • 여래는 범칭으로, 여래의 진신이 그 법신이고 여래의 여러 가지 모습이
  그 화신이며 여래의 공덕이 그 보신이다.
  • 중생은 현재 부모로부터 받은 몸이 보신이며 화신이고, 불법을 깨닫고 정
  진하면 법신이 될 수 있다.
  • 여래의 법신, 화신, 보신을 각각 비로자나불, 석가모니불, 아미타불이나
  미륵불로 지칭하기도 한다.

티끌과 우주의 존재(일합이상, 一合理相)

제30품 一合理相(일합이상) '하나의 세계는 이름이 그러할 뿐 실제가 아니다'

석가모니 붓다는 수보리와의 대화를 통해 삼천대천세계란 억겁의 세계를 하나로 합쳐서 지칭하는 것인데, 이 또한 이름이 그러할 뿐이고, 실제 세계가 억겁의 시공이 하나로 합쳐져 존재하는 것이 아니라고 설한다.

하나로 합쳐진 상은
실로 모습을 지닌 것이 없다
[一合之理, 實無有相]

"세존이여, 여래께서 말씀하신 삼천대천세계는 그 이름만 세계라 불리는 것으로, 만일 세계가 실제로 있다면 곧 하나로 합쳐진 모습입니다. 하나로 합쳐진 모습은 곧 하나로 합쳐진 모습이 아니요, 그 이름만이 하나로 합쳐진 모습이라 불릴 뿐입니다." "수보리여, 하나로 합쳐진 모습이란 것은 말할 수 없는 것인데 보통 사람들이 그러한 일에 탐내고 얽매이는 것이다."

겨우 존재하는 것들이 있다. 원자, 전자, 중성자, 미립자 같은 것들이다. 육안으로는 결코 볼 수 없는 세계이다. 그런 것들의 이름은 편의상 붙여 놓은 것들이다. 그렇다면 티끌과 같은 그런 것들이 모여서 만들어진 대우주는 어떨까? 금강경에서는 삼천대천세계라고 말한다. 대우주를 구성하는 부분들의 명칭도 편의상 붙여 놓은 것이다.

우리 인생은 어떠할까? 유아기, 소년기, 청년기, 장년기, 노년기와 같은 이름도 마찬가지이다. 몇 살부터를 장년기나 노년기라고 해야 할까? 고령 사회가 되면서 그런 말들의 의미도 바뀌고 있다.

불교에서 볼 때 이 세계는 인연에 의해서 티끌과 같은 미진들이 모여 만들어진 것이다. 물질세계는 모였다 흩어지기를 끝없이 반복한다. 변하지 않는 것은 없는 것이 이 세상이다.

이런 생각을 받아들인다 할지라도 이 세상에서의 삶이 전혀 무의미한 것은 아니다. 비어 있는 것이 비어 있는 것이 아니요, 존재하는 것이 존재하는 것이 아니다. 있는 것이 있는 것이 아니요, 없는 것이 없는 것이 아니다. 언뜻 모순으로 보이는 이러한 생각이 놀랍게도 이 세상의 모습이고 우리 삶의 모습이다.

하지만 모든 것이 허무한 것은 아니다. 모든 것은 변하며 모든 것은 상과 연결되어 있다. 대우주가 아주 작은 티끌들이 모여서 만들어졌듯이 우리 삶도 한순간 한순간이 모두 어떤 의미를 담고 있다고 보아야 한다. 우리가 물려받은 유전자부터가 그러하다.

📖 **생각 열기**

＊ 당나라 말엽의 나은(羅隱)[46]은 인생의 어리석음이 마치 꿀벌과 같다고 묘사합니다. 여러분은 인생을 어떻게 묘사할 수 있나요?

> 평지든 산정이든 가리지 않고 무한한 경치를 남김없이 섭렵했건만
> 온갖 꽃을 돌아다녀 꿀을 만든 후에는 누굴 위한 고생이요 누굴 위한 달콤함인가[47]

＊ 여러분은 아래와 같은 인생에 대해 어떤 생각을 할 수 있나요?

> 얻을 땐 노래하고 잃을 땐 쉬어 가며 근심 말고 한 많아도 유유자적하노라
> 오늘 아침 술 있으면 오늘 아침 취하고 매일 근심 있으면 내일 걱정하리라

📖 **생각 더하기**

＊ 화상과 아사리에 대해 알아보세요.

➡ 화상, 아사리: 출가한 승려에게 부모와 스승에 해당

• 화상: 출가한 지 10년 넘어 제자를 받을 수 있는 사람(인도불교에서는 화상이 은사를 표현)

• 아사리: 승려를 교육시키는 사람

• 속화

  ◦ '야, 이 화상아', '우리 화상': 경상도에서 부인이 남편을 부르는 말

  ◦ 아사리판: 야단법석같이 혼란하다는 의미로, 아사리들이 논쟁하며 끝장 토론을 하는 것 같은 어수선한 상황[48]

---

46 나은(833년 ~ 909년)은 당나라 말기, 오대십국(五代十國)시대 시인으로 관직 생활을 하며 순탄치 않았지만, 춘추시대 미인 서시를 소재로 한 시와 역사를 소재로 하여 풍자와 조롱을 담은 시 작품이 많다.

47 남회근, 신원봉 역, 『금강경 강의』(부키, 2008), p.606.

48 자현, 『스님의 비밀』(조계종출판사, 2016), pp.135-136.

* 일합상(一合相): 하나로 합쳐진 상

중생들이 사는 이 현실 세계를 가리키는 말로, 이 세계는 인연에 의해서 미진들이 집합하여 이루어진 것이므로 일합상이라 한다. 금강경 30품에서는 개개에 대한 집착을 버리라는 의미로 이 용어를 사용한다.

삼신(三身)	청정한 법신(法身)	원만한 보신(報身)	수천 수백의 화신(化身)
일합상	본체[體]	현상[相]	작용[用]
현대어	시스템(system)	구조(structure)	기능(function)

* 성공(性空)

모든 사물은 인연에 의해 화합된 것이어서 그 본성은 실재하지 않고 공허하다. 모든 존재는 고정불변한 본질이 없기에 공이다.

* 진공묘유(眞空妙有)

불변하는 실체가 없음을 설명하는 개념이다. 일체가 존재하지 않는다는 것이 아니라 불변하는 실체가 없다는 것이 진공이고, 일체가 여러 인연이 계기적으로 화합하여 존재한다는 것이 묘유이다.

* 지견(知見): 지식과 견문

* 단멸견(斷滅見)

만유는 무상한 것이어서 실재하지 않으며, 일체의 존재는 모두 없어져서 공무(空無)로 돌아간다고 보는 그릇된 견해. 생성·소멸의 변화와 업의 인과를 무시하는 삿된 소견.

* 팔식(八識): 유식사상에서 일컫는 인간 마음의 기본적인 8가지 의식

　　눈, 귀, 코, 혀, 몸, 기억(6식) → 마나식(7식) + 아뢰야식(8식) → 윤회의 주체

* 독영의식(獨泳意識): 꿈속에서 일어나는 독두의식, 몽중의식

* 아뢰야식: 종성(種性)의 작용을 말하며, 깨달음의 바탕이 되는 소질, 깨달음의 가능성(잠재력), 타고난 성품.

* 삼세인과(三世因果)

　　과거, 현재, 미래 3세가 인과관계로 중첩되고 연속되는 것. 과거에 지었던 업을 원인으로 현재의 결과를 받고, 현재 짓는 업을 원인으로 미래의 과보를 받는다고 한다.

* 일체유심조(一切唯心造)

　　『화엄경』의 중심 사상으로, 일체의 제법(諸法)은 그것을 인식하는 마음의 작용이며, 오직 마음이 지어내는 것일 뿐이라는 주장이다. 일체의 존재가 마음에서 비롯한다는 것이다.

* 해심밀경(解深密經)

　　유식사상의 기본 경전, 마음에 의해 세상만사가 얽힌 상태로 전개된 것을 해명한다.

　　현장, 진제, 보리유지, 구나발타라의 한역본이 전한다.

* 불교의 시간과 공간 개념

　　불교에서 시간을 나타내는 것으로는 찰나 억겁과 같은 말이 있지만 우주적인 시간을 나타낼 뿐이다. 주관적인 시간 개념은 "과거의 마음은 지나

가서 잡을 수 없고, 현재의 마음은 계속 변하고 있어서 잡을 수 없고, 미래의 마음은 아직 오지 않아서 잡을 수 없다"는 말에서 유추할 것이다. 따라서 불교의 시간과 공간 개념은 '존재한다'는 말의 의미에서 확인된다.[49] '존재한다'는 말의 의미는 일반적으로 독립적이고 변화하지 않는다는 뜻을 지닌다. 하지만 불교적 의미는 상호의존적이고 매 순간 변화한다는 뜻을 지니고 있다.

구분	일반적 개념	부처님의 증도
시간적 측면	변화하지 않음	매 순간 변화함
공간적 측면	독립적	상호의존적

'존재한다'의 개념 비교[50]

---

49 원빈 스님, 『금강경에 물들다』(도서출판 이층버스, 2020), pp.130-131.

50 원빈 스님(2020), 위의 책, p.131.

존재의 본모습과 관념(지견불생, 知見不生)

知見不生

제31품 **知見不生**(지견불생) '관념에 얽매이지 않아야 일체 존재의 본모습을 본다'

석가모니 붓다가 수보리와 대화를 통해 다시 한번 자아, 개체, 중생, 영혼은 이름이 그러할 뿐이고 고정불변한 존재로서 실재하는 것은 아니라는 것을 확인한 다음, 가장 높고 바른 깨달음을 얻기 위해서는 고정불변한 존재가 없음을 알고 어떤 것에도 얽매이지 않아야 한다고 가르친다.

제대로 본다는 것은 쉽지 않다
[如此知見, 法相不生]

"세존이여, 말씀하시는 자아가 있다는 견해, 개체가 있다는 견해, 중생이 있다는 견해, 영혼이 있다는 견해가 그 이름만 그렇게 불리는 것입니다." "수보리여, 가장 높고 바른 깨달음을 얻고자 하는 이는 모든 법에 대해 마땅히 이같이 알고, 이같이 보며, 이같이 믿고 이해하여 법이라는 관념을 내지 말아야한다. 법이라는 관념은 그 이름만이 법이라는 관념이라 불릴 뿐이다."

각자가 지닌 생각이 의견이다. 의견은 정보 처리 과정에서 수시로 변한다. 변덕이 심한 것이다. 내 마음 나도 모르는 때가 많다. 열 길 물속은 알아도 한 길 사람 속은 모른다.

우리는 일상생활에서 늘 합리적으로 선택을 하며 살아가고 있을까? 대답은 "그렇지 않다."이다. 내가 주관을 가지고 소신 있게 하는 선택보다는 타인을 의식하며 하는 선택이 더욱 많다고 보아야 할 것이다.

의견이 모여서 여론이 된다. 여론은 합리적으로 결정되는가? 역시 장담하기 어렵다. 집단적 결정의 합리성을 위협하는 요소들이 많다. 경전의 내용은 오랜 대화와 토론의 역사를 반영한다.

아는 것이 힘이라고 하지만 모르는 것이 약인 경우도 많다. 오히려 아는 것이 병인 경우가 문제이다. 모르고 있을 때는 번뇌에 빠질 우려가 그만큼 적다고 할 수 있다.

드러난 현상을 객관적으로 수량화할 수 있다면 좋겠지만 그렇지 못할 때도 있다. 보편화는커녕 일반화하기도 어려울 때가 더 많은 것이다. 더구나 개인적 차원의 시각과 집단적 차원의 시각이 언제나 조화된다고 볼 수도 없다.

따라서 사회적 통념이나 정론조차도 반론을 받아들일 준비를 하고 있어야 한다. "음미하지 않은 삶은 살 가치가 없다."라는 말은 우리 삶에서 선택적인 것이 아니라 필수적인 것이다.

＊ "도를 본다[見道]."고 할 때 견은 단지 하나의 표현 방법에 지나지 않습니다. 제대로 본다는 것은 쉽지 않은데, 제대로 보기 위해서는 어떻게 해야할까요?

＊ 교사가 학생에게 "스스로 찾아보게! 스스로 연구해 보게!"라고만 한다면 여러분은 어떻게 해야 할까요?

📖 생각 더하기

＊ 금강경은 평범함 속의 진실이며, 평범함 속의 초월이라고 합니다. 여러분은 이 말에 대해 어떻게 생각하나요?

📖 용어 알아보기

＊ 소승의 수행 절차: 계(戒), 정(定), 혜(慧), 해탈(解脫), 해탈지견(解脫知見)의 순서.
먼저 계율을 지키고, 다음 정을 닦으며, 다시 정으로부터 지혜를 계발하여 해탈에 이름.

＊ 불생법상(不生法相)
  · '법이라는 상'도 내지 말며, '이것이 진리다'라는 기준도 만들지 말라
  · 법상은 준칙으로 보편화 가능한 법칙으로 발전

* 유식사상: 중관파(中觀派)와 함께 인도 대승불교의 2대 학파를 이루는 유가행파(瑜伽行派)의 교학(敎學)

* 법상종: 통일 신라 때 성립된 불교 종파로 유식사상(唯識思想)과 미륵신앙(彌勒信仰)을 기반으로 하여 성립

* 연화락(蓮華落): 거지 떼가 몰려와 시끄럽게 부르는 것(예: 각설이타령)

존재의 본모습과 현상 [응화비진, 應化非眞]

應化非眞

제32품 應化非眞(응화비진) '현상에 얽매이면 일체 존재의 본모습을 보지 못한다'

석가모니 붓다가 수보리에게 다시 한번 이 경전을 받아들여 지키고 독송하며 다른 사람들에게 전해 주어 쌓는 복덕이 크다고 설하고, 현상이나 이름(관념)에 얽매이지 않음으로써 가장 높고 바른 깨달음을 얻으라고 설한다.

현상에 사로잡히거나 집착하면
존재의 실상을 제대로 보지 못한다
[應現設化, 亦非眞實]

"수보리여, 다른 사람을 위해 이 경전을 지니고 외워 설명한다면 복이 클 것이다. 설명할 때, 관념에 집착하지 말고 흔들림이 없어야 하는데, 법을 따른다는 모든 것은 마치 꿈, 허상, 물거품, 그림자, 이슬이나 번개 같을 수 있다." 부처께서 금강경을 끝내자 승려들과 모든 세상의 천신, 인간, 아수라들이 말씀을 듣고 크게 기뻐하며 믿고 받들어 행하였다.

우리 삶은 때로는 번개와 같이 몰아치고 때로는 이슬처럼 조용히 지나간다. 시시각각으로 변하는 일상 속에서 우리는 어떤 생각과 어떤 마음으로 살아가야 할까?

금강경은 인연이 모여 만든 모든 존재나 현상을 꿈, 환상, 물거품, 그림자, 이슬, 번개에 비유한다. 이것들의 공통점은 모두 일시적으로 모였다 흩어진다는 것이다.

우리는 물신숭배나 우상에 관해서 이야기를 나누었다. 겉으로 드러난 현상에 사로잡히는 일이 번뇌의 출발이라는 이야기도 하였다. 집착하는 마음이 현실을 바로 보도록 이끌지 못한다는 이야기도 했다.

금강경은 부처의 경험 이야기를 믿고 받아 지녀 실천하라는 말로 마무리한다. 여기에는 단서가 있다. 깨달음은 어디까지나 우리 각자의 몫이다. 누구라도 대신해 줄 수 없다. 자신이 스스로 찾아가야 한다.

자율학습과 탐구학습이라는 교육의 구호가 떠오른다. 또한 문제해결력이나 의사결정력이라는 교육의 목표도 떠오른다. 결국 믿고 받아 지녀 실천하라고 하지만, 스스로 찾아보고 스스로 연구하라는 말이다. 깨달음은 자기 주도로 이루어질 수밖에 없다. 수행의 출발이기도 하다.

📖 생각 열기

* 부처가 49년간 설법을 했지만, 금강경에서는 한 글자도 말한 적이 없다고 합니다. 이것은 무엇을 의미하는 것인가요?

* 불교에서는 재보시보다 법보시를 중요하게 생각합니다. 법보시란 무엇을 말하는 것일까요?

* 보리란 각오를 말하는 것으로 대철대오를 의미하는 것이며, 반야바라밀다를 깨닫는 것이라고 합니다. 보리심이란 무엇을 말하나요?

생각 더하기

* "응신과 화신은 진신이 아니다. 드러난 현상에 사로잡히거나 집착하는 것은 존재의 실상을 제대로 보지 못하는 것이다." 이 문장이 의미하는 바는 무엇일까요?

용어 알아보기

* 금강경에는 다음과 같은 6가지 비유가 있다. 만유(萬有)가 공(空)이며 무상(無常)이라 하였다. 이것을 육유반야(六喩般若)라 한다.
  · 몽(夢): 꿈
  · 환(幻): 환상
  · 포(泡): 물거품
  · 영(影): 그림자
  · 로(露): 이슬
  · 전(電): 번개

참고문헌

- 각묵, 『상윳따니까야 2: 연기를 위주로 한 가르침』, 초기불전연구원, 2009.
- 각묵, 대림 역, 『니까야 강독 1, 2』, 초기불전연구원, 2013.
- 강미농, 양관 역, 『강미농의 금강경 강의: 바른 믿음과 이해, 수행을 통해 깨달음에 이르는 길』, 담앤북스, 2016.
- 고닐 스님, 『친절한 금강경』, 도반, 2020.
- 교육부, 『교육부 고시 제2015-74호, 도덕과 교육과정』, 2015.
- 구마라집 원역, 시칭시 편저, 김진무·류화승역, 『도해 금강경』, 불광출판사, 2018.
- 권중서, 『불교미술의 해학: 사찰의 구석구석』, 불광출판사, 2010.
- 김사철, 황경환, 『산스크리트 원문에서 본 반야심경 역해』, 김영사, 2020.
- 김영회, 『김영회의 금강경 해석본』, 북랩, 2017.
- 김용옥, 『도올 김용옥의 금강경 강해』, 통나무, 2019.
- 김철수, 『붓다의 길 금강경 선송』, 에듀컨텐츠휴피아, 2020.
- 김태완, 『선으로 읽는 금강경』, 침묵의향기, 2015.
- 김현국, 『붓다, 인연과 뗏목을 말하다: 실천적 금강경 강의』, 렛츠북(book), 2017.
- 김형중, 『고등학생을 위한 금강경: 고등학교 '고전과 윤리' 교과서에 수록된 경전』, 운주사, 2018.
- 김호귀 역, 『선어록으로 읽는 금강경: 증봉의』, 중도, 2017.
- 남회근, 신원봉 역, 『금강경 강의』, 부키, 2008.
- 노우, 『금강경 요해: 금강경은 생활 속의 잠언이요, 깨달음의 노래이며, 해탈의 찬가이다!』, 운주사, 2019.
- 동방교, 『뜻으로 풀어 본 금강경 읽기』, 백산출판사, 2017.
- 동봉, 『내비 금강경』, 도반, 2019.
- 마성, 『잡아함경 강의』, 인북스, 2018.

- 마쓰나이 고우도우, 현재훈 역, 『백팔번뇌』, 우리출판사, 1990.

- 목정배 편, 『불교윤리개설』, 경서원, 1986.

- 무각, 『직역본금강경』, BOOKK(부크크), 2017.

- 무비, 『신 금강경강의: 무비스님』, 불광출판사 | 2020.

- 무비스님, 대심거사 공편, 『가사체 금강경과 조계종 금강경: 한문본 및 한글본 대조』, 운주사, 2017.

- 문종길, 『누구나 한 번은 알고 싶었던 인문교양 : 윤리와 사상』, 책과나무, 2014.

- 문종길, 『윤리와사상2: 사상가들의 텍스트와 함께 읽기』, 책과나무, 2020.

- 문진식, 『마음이 없는 마음 소갈비와 벤츠와 금강경』, 한국경제신문사, 2017.

- 박병기 외, 『고등학교 고전과윤리』, 전라북도교육청, 2018.

- 박병기, 『우리는 어떤 삶을 선택할 수 있을까 인류 고전 15권에 묻고 스스로 답하다』, 인간사랑, 2018.

- 박지명 편저, 『범어 금강경 원전주해』, 하남출판사, 2019.

- 백창우, 『금강경, 연기법으로 보아야 제대로 읽힌다: 보리수 아래 부처님의 깨달음과 금강경』, 운주사, 2020.

- 법륜, 『법륜 스님의 금강경 강의』, 정토출판, 2012.

- 벼리, 『내안의 니체 내 삶의 금강경』, 전망, 2017.

- 벽공스님, 『금강경강의』, 마하월드, 2017.

- 변택주, 권용득 그림, 『벼리는 불교가 궁금해: 10대와 함께 읽는 세상에서 가장 쉬운 불교 이야기』, 불광출판사, 2019.

- 서광, 『돌이키는 힘: 치유하는 금강경 읽기』, 모과나무, 2016.

- 서규선, 『현대 중국 도덕교육론』, 인간사랑, 2007.

- 서원대학교 호서문화연구소, 『불조직지심체요절번역서: 활자의 혼을 찾아서』, 1999.

- 설우 스님, 『설우 스님이 들려주는 행복한 금강경 이야기』, 사유수, 2015.

- 소천선사, 『금강경강의』, 홍법원, 2008.

- 송강, 『송강스님의 다시 보는 금강경』, 도반, 2018.

- 송준영, 『반야는 반야를 완성하고: 송준영의 현대어로 읽는 금강경』, 소명출판, 2019.

- 수불, 『간화심결 간화선 수행, 어떻게 할 것인가』, 김영사, 2019.

- 심영옥, 『한국미술사를 보다 1, 2』, 리베르스쿨, 2015.

- 오동섭, 『초서 금강경』, 이화문화출판사, 2020.

- 오진탁 역주, 『한글세대를 위한 금강경』, 서광사, 2016.

- 우룡큰스님 역, 불교신행연구원 편, 『금강경 한글 사경』, 새벽숲, 2010.

- 원빈스님, 『원빈스님의 금강경에 물들다』, 이층버스, 2020.

- 유중 역, 『하룻밤에 읽는 금강경』, 사군자, 2016.

- 이각스님 역, 『금강경: 정혜 불경연구원 사경집』, 지혜의눈, 2016.

- 이종철, 『금강경 다언어 판본』, 한국학중앙연구원, 2018.

- 이중표 역, 『금강경』, 민족사, 2019.

- 이중표, 『니까야로 읽는 금강경』, 민족사, 2016.

- 이현정, 『불교 커뮤니케이션 : 금강경에서 본 부처님 스피치』, 커뮤니케이션북스, 2020.

- 인묵스님, 『대행스님의 뜻으로 푼 금강경』, 한마음선원, 2017.

- 일묵, 『사성제: 괴로움과 괴로움의 소멸』, 불광출판사, 2020.

- 자현, 『사찰의 비밀』, 담앤북스, 2019.

- 자현, 『스님의 비밀』, 조계종출판사, 2016.

- 자현, 『자현 스님이 들려주는 불교사 100장면』, 불광출판사, 2018.

- 전광진 역, 『전광진 교수가 풀이한 우리말 속뜻 금강경』, 속뜻사전교육출판사, 2020.

- 정공 법사, 양관 역, 『정공 법사의 금강경 강의 절요: 반야의 바른 지혜로 번뇌를 깨뜨리는 금강경
  의 핵심 가르침』, 담앤북스, 2018.

- 청원 무이, 『금강경 선해』, 좋은땅, 2018.

- 최근추, 『금강경』, 메이킹북스, 2020.

- 최용민, 『금강경강해』, 동문사, 2019.

- 최재혁, 『금강경의 재발견: 내가 밝아지는 금강경 읽기』, 행복한책읽기, 2015.

- 칸뽀 쒀다지, 『신창호 역주, 능단, 집착을 끊어라!: 『금강경』이 그대에게 강대함을 주리라』, 양사재,
  2019.

- 페이융, 허유영 역, 『초조하지 않게 사는 법 불안, 걱정, 두려움을 다스리는 금강경의 지혜』, 유노
  북스, 2016.

- 편집부 편, 『금강경언해』, 학자원, 2017.

• 편집부 편, 『천년을 잇는 고려대장경 사경 금강경』, 어의운하, 2019.

• 편집부 저, 『부파불교와 아함경 3: 중아함경』, 불교통신교육원, 2020.

• 프리초프 카프라·우고 마테이, 박태현, 김영준 공역, 『최후의 전환 지속 가능한 미래를 위한 커먼
  즈와 생태법』경희대학교출판문화원, 2019.

• 학담평창, 『천태선사로 읽는 금강경』, 푼다리카, 2018.

• 해돈, 『금강경 오가해: 의미로 보는 한글판』, 불교시대사, 2018.

• 홍정식, 『반야심경/금강경/법화경/유마경』, 동서문화사, 2016.

• 활안, 『금강경특강』, 불교정신문화원, 2013.

• 후지다고다쓰 등저, 이지수 역, 『원시불교와 부파불교』, 대원정사 1989.